I0846485

VÍCTOR HUGO

ÚLTIMO DÍA DE UN CONDENADO

(Además: poesía y teatro)

astria

ÚLTIMO DÍA DE UN CONDENADO (Además: poesía y teatro)
VÍCTOR HUGO

©Colección Erandique
Supervisión Editorial: Óscar Flores López
Diseño de portada: Andrea Rodríguez
Administración: Tesla Rodas—Jessica Cordero
Director Ejecutivo: José Azcona Bocock
Primera Edición
Tegucigalpa, Honduras—Enero de 2026

CLAUDE GUEUX

Claude Gueux era un pobre obrero que vivía en París hace unos ocho años, con su compañera y su hijo. Aunque su educación había sido descuidada y ni siquiera sabía leer, el hombre era naturalmente inteligente y perspicaz, y reflexionaba profundamente sobre las cosas. Llegó el invierno con sus miserias habituales: falta de trabajo, falta de alimentos, falta de combustible. El hombre, la mujer y el niño estaban helados y hambrientos. El hombre se hizo ladrón. No sé qué robó. ¿Qué importa, si el resultado fue el mismo?: a la mujer y al niño les dio tres días de pan y de leña; al hombre, cinco años de prisión.

Fue enviado a Clairvaux, la abadía convertida ahora en prisión, sus celdas transformadas en calabozos y el propio altar en picota. A esto se le llama progreso.

Pero sigamos con nuestra historia. Claude Gueux, el honrado obrero convertido en ladrón por la fuerza de las circunstancias, tenía un semblante que impresionaba: una frente alta, algo surcada por las preocupaciones; el cabello oscuro ya veteado de gris; los ojos hundidos, irradiantes de bondad; mientras que la parte inferior del rostro indicaba claramente firmeza mezclada con respeto por sí mismo. Hablaba poco, pero había en él cierta dignidad que imponía respeto y obediencia. Un carácter noble, y veremos qué hizo la sociedad con él.

Al frente del taller de la prisión había un inspector que rara vez olvidaba que también era carcelero: entregaba las herramientas con una mano y echaba cadenas con la otra. Un tirano, que jamás razonaba por sí mismo, con ideas contra las cuales no había apelación posible; duro más que firme. A veces incluso podía mostrarse jovial; sin duda un buen padre, un buen esposo, no verdaderamente malvado, pero sí malo. Era uno de esos hombres incapaces de asimilar una idea nueva, aparentemente insensibles a toda emoción; y sin embargo, con odio y cólera en el corazón, se asemejan a bloques de madera: ardientes por un lado, helados por el otro. El rasgo dominante de este hombre era la obstinación; y tan orgulloso estaba de ella que se comparaba a sí mismo con Napoleón —una ilusión óptica, como confundir el parpadeo de una vela con una estrella. Una vez tomada una decisión, por absurda que fuera, la llevaba a cabo. ¡Cuántas veces, cuando ocurre una catástrofe, al investigar su causa descubrimos que se originó en la obstinación de un hombre sin talento, pero con fe absoluta en sí mismo!

Tal era el inspector del taller de la prisión de Clairvaux: un hombre de pedernal colocado por la sociedad sobre otros, esperando arrancar chispas de aquel material… pero una chispa semejante suele terminar en incendio.

El inspector pronto reparó en Claude Gueux, que había sido numerado y asignado al taller, y al encontrarlo inteligente, lo trató bien. Viendo a Claude triste —pues pensaba constantemente en aquella a quien llamaba su esposa— y encontrándose de buen humor, por simple diversión y como consuelo cruel, le dijo que la mujer había pasado a formar parte de la desdichada hermandad de las prostitutas y había caído en la infamia; del niño no se sabía nada.

Con el tiempo, Claude se habituó a la disciplina carcelaria y, por la calma de su comportamiento y cierta firme resolución claramente marcada en su rostro, adquirió una gran ascendencia sobre sus compañeros, que lo admiraban tanto que lo consultaban y trataban de imitarlo en todo. La expresión misma de sus ojos revelaba su carácter; además, ¿no es el ojo la ventana del alma?, y ¿qué otro resultado podía esperarse sino que un espíritu inteligente guiara a hombres de pocas ideas, que cedían a su influencia como el metal al imán? En menos de tres meses Claude era el jefe virtual del taller y, a veces, casi dudaba de si era rey o prisionero, tratado como un papa cautivo rodeado de sus cardenales. Tal popularidad siempre acarrea odio, y aunque era amado por los presos, Claude era detestado por los carceleros.

Para él, la ración de dos hombres habría sido apenas suficiente. El inspector se reía de ello, pues su propio apetito era grande; pero lo que para un duque sería una broma, para un prisionero era una gran desgracia. Cuando Claude Gueux era un hombre libre, podía ganar su pan cotidiano de cuatro libras y disfrutarlo; pero como prisionero trabajaba cada día y, a cambio de su labor, recibía una libra y media de pan y cuatro onzas de carne. Era natural que siempre tuviera hambre.

Acababa de terminar su escasa comida y estaba a punto de reanudar el trabajo, esperando olvidar el hambre con el esfuerzo, cuando un joven de aspecto débil se le acercó, sosteniendo un cuchillo y su ración intacta en la mano, pero con evidente temor de hablarle.

—¿Qué quieres? —dijo Claude con brusquedad.

—Un favor de su parte —respondió tímidamente el joven.

—¿Cuál?

—Ayúdeme con mis raciones; tengo más de lo que puedo comer.

Por un instante Claude quedó sorprendido, pero sin más ceremonia dividió el alimento en dos y comió de inmediato una de las mitades.

—Gracias —dijo el joven—, y permítame compartir mis raciones con usted todos los días.

—¿Cómo te llamas? —preguntó Claude.

—Albin.

—¿Por qué estás aquí?

—Robé.

—Yo también —dijo Claude.

La misma escena se repitió a diario entre este hombre, viejo antes de tiempo —tenía solo treinta y seis años—, y el muchacho de veinte, que no aparentaba más de diecisiete. El sentimiento que los unía era más el de padre e hijo que el de dos hermanos. Todo los acercaba: el trabajo compartido, el hecho de dormir en el mismo dormitorio y de pasear en el mismo patio. Eran felices, pues ¿no eran todo el mundo el uno para el otro?

El inspector del taller era tan odiado por los presos que con frecuencia recurría a Claude Gueux para hacer valer su autoridad; y cuando un motín estaba a punto de estallar, unas pocas palabras de Claude tenían más efecto que la autoridad de diez guardianes. Aunque el inspector se complacía en aprovechar esta influencia, estaba celoso y odiaba al ladrón regenerado con un sentimiento envidioso e implacable: un ejemplo del poder ejercido contra el derecho, tanto más temible cuanto más secreto. Claude se preocupaba tanto por Albin que apenas pensaba en el inspector.

Una mañana, mientras los guardianes hacían su ronda, uno de ellos llamó a Albin —que trabajaba junto a Claude— para que se presentara ante el inspector.

—¿Para qué te llaman? —preguntó Claude.

—No lo sé —respondió Albin, siguiendo al guardián.

Claude lo buscó en vano durante todo el día y, al caer la noche, al ver que aún no había regresado, rompió su habitual reserva y se dirigió al carcelero.

—¿Está enfermo Albin? —preguntó.

—No —respondió el hombre.

—¿Cómo es que no ha aparecido hoy?

—Le han cambiado de alojamiento.

Por un momento Claude tembló, luego continuó con calma:

—¿Quién dio la orden?

—El señor D—— —era el nombre del inspector.

A la noche siguiente, el inspector, el señor D——, hacía su ronda habitual. Claude, que lo había visto venir desde lejos, se levantó y se apresuró a quitarse la gorra de lana y a abotonarse el chaleco gris hasta el cuello, gesto considerado de respeto hacia los superiores en la disciplina carcelaria.

—Señor —dijo Claude, cuando el inspector estaba a punto de pasar de largo—, ¿es cierto que Albin ha sido alojado en otro lugar?

—Sí —respondió el inspector.

—Señor, no puedo vivir sin él. Usted sabe que las raciones son insuficientes para mí, y que Albin compartía su parte conmigo. ¿No podría arreglarse para que volviera a su antiguo puesto, cerca de mí?

—Imposible —respondió el inspector—. La orden no puede revocarse.

—¿Quién dio la orden?

—Yo.

—Señor D—— —respondió Claude—, de usted depende mi vida.

—Nunca revoco una orden una vez dada.

—Señor, ¿qué le he hecho yo alguna vez?

—Nada.

—¿Por qué, entonces —gritó Claude—, separarme de Albin?

—Porque quiero —respondió el inspector, y siguió su camino.

La cabeza de Claude se abatió, como la del pobre león enjaulado al que han privado de su perro; pero el dolor, aunque profundamente sentido, no alteró en nada su apetito: estaba famélico. Muchos le ofrecieron compartir sus raciones con él, pero él se negó obstinadamente y continuó su rutina habitual en silencio, rompiéndolo solo para preguntar cada día al inspector, con una voz donde se mezclaban la angustia y la cólera, algo entre una súplica y una amenaza, estas dos palabras:

—¿Y Albin?

El inspector se limitaba a pasar de largo, encogiéndose de hombros; pero si hubiese observado a Claude, habría notado el cambio evidente, visible para todos los presentes.

—Señor, escúcheme; devuélvame a mi compañero. Sería prudente hacerlo, se lo aseguro. Recuerde mis palabras.

El domingo se había sentado durante horas en el patio, con la cabeza hundida entre las manos, y cuando un preso llamado Faillette se le acercó riendo, Claude dijo:

—Estoy juzgando a alguien.

El 25 de octubre de 1831, cuando el inspector hacía su ronda, Claude, para atraer su atención, rompió el cristal de un reloj que había encontrado en el pasillo. El efecto fue inmediato.

—He sido yo —dijo Claude—. Señor, devuélvame a mi compañero.

—Imposible —fue la respuesta.

Mirando al inspector fijamente a los ojos, Claude añadió con firmeza:

—Reflexione ahora: hoy es 25 de octubre; le doy plazo hasta el 4 de noviembre.

Un guardián observó que Claude estaba amenazando al señor D—— y que debía ser encerrado de inmediato.

—No, no es un caso para el calabozo —respondió el inspector con una sonrisa desdeñosa—; hay que ser considerados con gente de esta calaña.

Al día siguiente, Claude fue abordado nuevamente por uno de los presos, llamado Pernot, mientras meditaba en el patio.

—Bueno, Claude, estás realmente abatido; ¿en qué piensas?

—Temo que algún mal se cierne sobre ese buen señor D——— —respondió Claude.

Claude insistía cada día ante el inspector en cuánto le afectaba la ausencia de Albin, pero sin otro resultado que veinticuatro horas de reclusión en solitario.

El 4 de noviembre miró alrededor de su celda los pocos objetos que le recordaban su vida pasada: un par de tijeras y un viejo ejemplar del Emilio, perteneciente a la mujer que tanto había amado, la madre de su hijo. ¡Qué inútiles para un hombre que ya no podía ni trabajar ni leer!

Mientras Claude caminaba por los antiguos claustros, tan deshonrados por sus nuevos ocupantes y por sus paredes recién encaladas, advirtió cuán atentamente el presidiario Ferrari observaba los gruesos barrotes de hierro que cruzaban la ventana.

—Esta noche cortaré esos barrotes con estas tijeras —dijo, señalando el par que aún llevaba en la mano.

Ferrari rio incrédulo, y Claude se unió a la risa. Durante el día trabajó con un ardor poco común, deseoso de terminar un sombrero de paja que había cobrado por adelantado a un comerciante de Troyes, el señor Bressier.

Poco antes del mediodía, inventó un pretexto para bajar al taller de carpintería, un piso más abajo del suyo, en el momento en que los guardianes estaban ausentes.

Claude fue recibido con entusiasmo, pues era tan popular allí como en cualquier otro lugar.

—¿Puede alguien prestarme un hacha?

—¿Para qué?

Sin exigir promesa alguna de secreto, respondió de inmediato:

—Para matar al inspector esta noche.

Le ofrecieron varias al instante; eligió la más pequeña, la ocultó bajo el chaleco y se marchó. Había allí veintisiete presos, y ninguno lo delató; ni siquiera hablaron del asunto entre ellos, esperando el terrible acontecimiento que debía seguir.

Al pasar, Claude vio a un joven presidiario de dieciséis años bostezando sin hacer nada, y le aconsejó con insistencia que aprendiera a leer. Justo entonces Faillette le preguntó qué escondía. Claude respondió sin vacilar:

—Un hacha para matar al señor D—— esta noche; pero ¿puedes verla?

—Un poco —dijo Faillette.

A las siete de la tarde, los presos fueron encerrados en sus respectivos talleres. Era costumbre que los guardianes los dejaran solos hasta que el inspector hubiese hecho su ronda.

En el taller de Claude tuvo lugar una escena extraordinaria, la única de su género registrada.

Claude se levantó y se dirigió a sus compañeros, ochenta y cuatro en total, con estas palabras:

—Todos saben que Albin y yo éramos como hermanos. Al principio me cayó bien porque compartía su ración conmigo; después, porque se preocupaba por mí. Ahora nunca me alcanza, aunque gasto la miseria que gano en pan. Para el inspector, el señor D——, daba igual que estuviéramos juntos; pero decidió separarnos solo por el gusto de fastidiar, porque es un mal hombre. Pedí una y otra vez que trajeran de vuelta a Albin, pero nada. Y cuando puse un plazo —el 4 de noviembre— me metieron al calabozo. Durante ese tiempo me convertí en su juez y lo condené a muerte para el 4 de noviembre. Dentro de dos horas va a estar aquí, y les aviso que pienso matarlo. ¿Alguien tiene algo que decir?

Se hizo un silencio absoluto. Entonces Claude siguió explicándoles a sus compañeros —los ochenta y un ladrones— lo que pensaba.

Dijo que lo habían empujado a un límite terrible y que esa misma necesidad lo obligaba a tomarse la justicia por su mano. Sabía perfectamente que no podía matar al inspector sin perder la vida también; pero, como creía justa la causa, asumiría las consecuencias. Había llegado a esa decisión tras dos meses de reflexión tranquila. Si creían que era solo el resentimiento lo que lo llevaba a hacerlo, debían decirlo de inmediato y explicar por qué no debía cumplirse la sentencia.

Una sola voz rompió el silencio:

—Antes de matarlo, Claude debería darle la oportunidad de dar marcha atrás.

—Es justo —dijo Claude—. Tendrá esa oportunidad.

Luego Claude repartió las pocas cosas que un preso pobre puede tener entre los compañeros a quienes más apreciaba después de Albin, y se quedó solo con las tijeras. Los abrazó a todos; algunos no pudieron contener las lágrimas. Claude habló con calma durante esa última hora e incluso se permitió una travesura de niño: apagar la vela soplando por la nariz. Al verlo así, sus compañeros dirían después que llegaron a pensar que había abandonado esa idea oscura.

Un joven presidiario lo miraba fijo, temblando por lo que se venía.

—Ánimo, muchacho —le dijo Claude con suavidad—. Esto va a ser cuestión de un minuto.

El taller era una sala larga, con una puerta en cada extremo y ventanas a ambos lados sobre las mesas de trabajo. En el centro quedaba un pasillo para que el inspector pasara revisando lo de un lado y del otro.

Claude volvió a su trabajo, como Jacques Clément, que no dejaba de repetir sus oraciones.

Cuando el reloj dio el último cuarto antes de las nueve, Claude se levantó y se colocó cerca de la entrada, aparentemente tranquilo.

En el silencio más profundo, el reloj dio las nueve. La puerta se abrió de golpe y el inspector entró como siempre, solo, con cara de buen humor y satisfecho de sí mismo. Caminaba rápido, le lanzaba una mirada a uno, soltaba una frase dura a otro, sin notar los ojos clavados en él con tanta ferocidad.

En ese momento oyó los pasos de Claude y, al darse vuelta bruscamente, dijo —como si le hablara a un perro—:

—¿Qué hace aquí? ¿Por qué no está en su puesto?

Claude respondió con respeto:

—Quiero hablar con usted, señor.

—¿De qué?

—De Albin.

—¿Otra vez?

—Siempre lo mismo —dijo Claude.

—Entonces —contestó el inspector, avanzando— no tuvo suficiente con veinticuatro horas en el calabozo.

Claude lo siguió de cerca:

—Señor, devuélvame a mi compañero.

—Imposible.

—Señor —continuó Claude, con una voz que habría conmovido hasta a Satán—, le ruego que lo traiga de vuelta. Entonces verá cómo trabajo. Usted es libre y para usted esto no sería nada; usted no sabe lo que es tener un solo amigo. Para mí lo es todo, entre estas paredes. Usted entra y sale cuando quiere; yo solo tengo a Albin. ¡Déjelo volver conmigo! Usted sabe que él compartía su comida conmigo. ¿Qué le cuesta que un hombre llamado Claude Gueux esté en este taller con otro a su lado llamado Albin? Solo tiene que decir "sí". Señor, se lo suplico, en nombre del cielo: ¡concédame esto!

Claude, desbordado por la emoción, esperó la respuesta.

—Imposible —respondió el inspector, impaciente—. No voy a retractarme. Ahora váyase. Me molesta.

Y se apuró hacia la puerta exterior, en medio del silencio contenido de los ochenta y un ladrones.

Claude lo tocó suavemente y le preguntó:

—Al menos dígame por qué estoy condenado a muerte. ¿Por qué nos separó?

—Ya se lo dije: porque quise.

El inspector iba a levantar el pestillo cuando Claude alzó el hacha y, sin un grito, el inspector cayó al suelo. El cráneo quedó abierto por tres golpes pesados, descargados con la rapidez de un relámpago. Un cuarto golpe le destrozó la cara y Claude, fuera de sí, todavía le dio otro golpe más, inútil: el inspector ya estaba muerto.

Claude tiró el hacha a un lado y gritó:

—¡Ahora, el otro!

El otro era él mismo. Tomó las tijeras —las de su mujer— y se las hundió en el pecho; pero la hoja era corta y el pecho profundo, y por más que intentó no logró darse el golpe mortal. Al final, cubierto de sangre, cayó desmayado sobre el cadáver.

¿Cuál de los dos iba a ser considerado la víctima?

Cuando Claude recuperó el conocimiento, estaba en una cama, atendido y cubierto de vendas. Cerca de él había hermanas de la caridad y un escribano listo para tomar su declaración; con interés, le preguntó cómo se sentía.

Claude había perdido mucha sangre, pero las tijeras "le salieron mal": las heridas no eran peligrosas. Los únicos golpes mortales habían sido los que dio al señor D———.

Entonces empezó el interrogatorio:

—¿Usted mató al inspector de los talleres de la prisión de Clairvaux?

—Sí —respondió.

—¿Por qué lo hizo?

—Porque lo hice.

Luego las heridas se complicaron y Claude cayó con una fiebre que amenazó su vida. Pasaron noviembre, diciembre, enero, febrero entre curas y preparativos, y Claude fue visitado alternativamente por el médico y por el juez: el primero para devolverle la salud; el segundo para reunir lo necesario para el cadalso.

El 16 de marzo de 1832, ya completamente recuperado, Claude compareció ante el tribunal de Troyes para responder a la acusación.

Su presencia causó buena impresión: estaba afeitado y sin gorra, aunque todavía vestía ropa de preso.

La sala estaba fuertemente vigilada por una guardia militar para mantener a raya a los testigos, porque todos eran presidiarios. Pero surgió un problema inesperado: ninguno quiso declarar. Ni preguntas ni amenazas lograban romper su silencio, hasta que Claude les pidió que hablaran. Entonces, uno tras otro, contaron fielmente lo ocurrido; y si alguno, por olvido o por cariño hacia el acusado, dejaba algo fuera, Claude completaba lo que faltaba.

En cierto momento, las mujeres rompieron a llorar. El ujier llamó entonces al presidiario Albin. Entró temblando, sollozando, y se lanzó a los brazos de Claude.

Claude se volvió hacia el fiscal y dijo:

—Aquí tienen a un preso que le da su comida al que tiene hambre —e inclinándose, besó la mano de Albin.

Examinados los testigos, el abogado de la acusación se levantó para hablar:

—Señores del jurado: la sociedad quedaría completamente trastornada si la acción pública no condenara a grandes culpables como este, que…

Después de un alegato largo, se levantó el defensor de Claude. Siguieron las réplicas y contrarréplicas habituales de un juicio penal.

Claude, por su parte, declaró y todos se sorprendieron de su inteligencia: en ese pobre obrero había mucho más orador que asesino. Con claridad y sencillez contó los hechos tal como fueron, de pie y con orgullo, decidido a decir toda la verdad. A veces la gente se dejaba arrastrar por su elocuencia. Aun sin saber leer, captaba los puntos más difíciles del debate y trataba a los jueces con el respeto debido.

Claude perdió la paciencia una vez, cuando el acusador dijo que había matado al inspector sin provocación.

—¿Cómo? —gritó—. ¿Que no tuve provocación? ¡Vamos! Si un borracho me pega y yo lo mato, ustedes dirían que hubo provocación y cambiarían la pena de muerte por trabajos forzados. Pero un hombre que me lastima de todas las formas durante cuatro años, me humilla durante cuatro años, me hostiga todos los días, a toda hora, durante cuatro años, y me llena la cabeza de insultos… ¿qué pasa entonces? Ustedes dicen que no hubo provocación.

Yo tenía una mujer por la que robé: él me torturó con eso. Tenía un hijo por el que robé: él me atormentó con ese hijo. Yo tenía hambre: un amigo compartía su pan conmigo; él me quitó a mi amigo. Le rogué que me lo devolviera y me mandó al calabozo. Le dije cuánto sufría y respondió que lo cansaba escucharme. Entonces, ¿qué querían que hiciera? Le quité la vida, y ahora me miran como a un monstruo por haber matado a ese hombre, y me decapitan. Pues háganlo.

Una provocación así la ley no la reconoce, porque esos golpes no dejan marcas visibles.

El juez resumió el caso con claridad y aparente imparcialidad. Insistió en la vida que Claude había llevado: convivía abiertamente con una mujer "de mala fama"; luego había robado y terminó siendo asesino. Todo eso era cierto.

Antes de que el jurado se retirara, el juez le preguntó a Claude si quería hacer alguna pregunta o decir algo.

—Muy poco —dijo Claude—. Soy asesino y soy ladrón. Pero les pregunto, señores del jurado: ¿por qué maté? ¿Por qué robé?

El jurado se retiró quince minutos y, según el dictamen de esos doce hombres del campo —a quienes llaman "señores del jurado"—, Claude Gueux fue condenado a muerte.

Desde el principio, a varios les impresionó mucho el apellido Gueux (que significa "vagabundo"), y eso influyó en su decisión.

Cuando se leyó el veredicto, Claude dijo simplemente:

—Está bien. Pero hay dos preguntas que no han respondido: ¿por qué robó este hombre? ¿Qué lo convirtió en asesino?

Esa noche cenó bien y exclamó:

—Ya han pasado treinta y seis años sobre mí.

Se negó a apelar hasta el último momento, pero, por insistencia de una de las hermanas que lo había cuidado, aceptó hacerlo.

Ella, conmovida, le dio una moneda de cinco francos.

Sus compañeros de prisión —como ya dijimos— le tenían un cariño absoluto y pusieron a su alcance todo lo necesario para que escapara: le tiraron a la celda, por la ventanilla, un clavo, un poco de alambre, el asa de un cubo… cualquiera de esas cosas le habría bastado a un hombre como Claude para soltarse de las cadenas. Pero él se lo entregó todo al guardia.

El 8 de junio de 1832, siete meses y cuatro días después del asesinato, llegó el secretario del tribunal y le dijeron a Claude que le quedaba solo una hora de vida: su apelación había sido rechazada.

—Ya veo —dijo Claude, frío—. Anoche dormí bien, y seguramente el próximo sueño lo dormiré mejor.

Primero vino el sacerdote; después, el verdugo. Claude se mostró humilde con el sacerdote y lo escuchó con mucha atención. Lamentaba no haber recibido educación religiosa y, al mismo tiempo, se reprochaba muchas cosas de su pasado.

Con el verdugo fue cortés. En el fondo, lo entregó todo: el alma al sacerdote, el cuerpo al verdugo.

Mientras le cortaban el pelo, alguien comentó que el cólera se estaba extendiendo y que Troyes podía caer en cualquier momento bajo ese terrible azote. Claude se sumó a la conversación y dijo, sonriendo:

—Hay algo que puedo asegurar: yo no le tengo miedo al cólera.

Había roto la mitad de las tijeras; pidió al carcelero que lo que quedaba se lo dieran a Albin. La otra mitad seguía enterrada en su pecho. También quiso que las raciones del día se las llevaran a su amigo.

La única cosa que conservó fue la moneda de cinco francos que le había dado la hermana; la apretó en la mano derecha incluso después de que lo ataran.

A las 7:45 salió de la prisión la procesión lúgubre de rigor. Pálido, pero con paso firme, Claude Gueux subió lentamente al cadalso con la mirada fija en el crucifijo que llevaba el sacerdote —símbolo del sufrimiento del Salvador. Quiso abrazar al sacerdote y al verdugo: agradecerle a uno y perdonar al otro. El verdugo lo apartó.

Justo antes de amarrarlo a la máquina, Claude le dio la moneda al sacerdote y le dijo:

—Para los pobres.

Apenas habían dado las ocho cuando aquel hombre, tan noble y tan inteligente, recibió el golpe fatal que le separó la cabeza del cuerpo.

Se había elegido un día de mercado para la ejecución, porque habría más gente: todavía hay en Francia pueblos que se enorgullecen de tener una ejecución. La guillotina se quedó allí ese día, y la imaginación de la gente se encendió tanto que un recaudador estuvo a punto de ser linchado: ese es el "admirable" efecto de las ejecuciones públicas.

Hemos contado la historia de Claude Gueux más para plantear un problema difícil que por cualquier otra cosa. En esa vida hay dos preguntas: antes de la caída y después de la caída. ¿Qué educación tuvo? ¿Y qué castigo recibió? Esto debería importarle a toda la sociedad, porque el hombre tenía talento y buenos instintos. Entonces, ¿qué faltó? En torno a eso gira el gran problema que podría sostener a la sociedad sobre bases firmes.

Lo que la naturaleza empieza en un individuo, la sociedad debería continuarlo. Miren a Claude Gueux: un hombre inteligente y de buen corazón, metido en un entorno malo, terminó robando. La sociedad lo metió en una prisión donde el mal era peor, y terminó matando.

¿Debemos culparlo a él o culparnos a nosotros? Son preguntas que exigen pensar en serio; si no, seguiremos esquivando el tema más importante. Los hechos están ahí: y si el gobierno no piensa en esto, ¿en qué están pensando los que gobiernan?

Los diputados se mantienen ocupados todo el año. Hay que revisar puestos inútiles y descifrar el presupuesto; aprobar una ley que me obligue, disfrazado de soldado, a montar guardia en la casa del conde de Lobau, a quien ni conozco ni quiero conocer; o desfilar bajo las órdenes de mi tendero, ahora ascendido a oficial. No digo nada contra los patrullajes —que mantienen el orden y protegen nuestras casas—, sino contra lo absurdo de armar tanto show y ruido militar para convertir a los ciudadanos en una caricatura de soldados.

Diputados o ministros, dicen, hay que "analizar" todos los temas aunque no lleguen a nada; preguntar y repreguntar sobre cosas de las que sabemos poco. Gobernantes y legisladores: se les va la vida en comparaciones clásicas que harían sonreír a un maestro de escuela. Afirman que la civilización moderna ha engendrado adulterio, incesto, parricidio, infanticidio y envenenamiento; lo cual demuestra que conocen poco a Yocasta, Fedra, Edipo, Medea o Rodoguna. Los grandes oradores se enredan en discusiones eternas sobre Corneille y Racine, y se calientan tanto en la pelea literaria que cometen errores brutales en francés.

Todo eso, sí, puede ser interesante. Pero hay asuntos mucho más graves.

En medio de esos debates inútiles, ¿qué responderían si alguien se levantara y les hablara con seriedad así?

«¡Silencio! ¡Silencio todos los que han estado hablando! Se creen que entienden el problema: no entienden nada.

»El problema es este: en nombre de la justicia, hace menos de un año descuartizaron a un hombre en Panners; en Dijon decapitaron a una mujer; en París, en Saint-Jacques, las ejecuciones no se acaban.

»Ese es el tema. Piensen en eso, ustedes que discuten si los botones de la guardia nacional deben ser blancos o amarillos, y si es mejor la seguridad que la certeza.

»Señores de la derecha y señores de la izquierda: la mayoría del pueblo sufre.

»Sea república o monarquía, da igual: el pueblo sufre.

»El pueblo pasa hambre, el pueblo pasa frío. De esa miseria nace el delito: a los hijos se los llevan a galeras; a las hijas, a burdeles. Tienen demasiados presos, demasiados desgraciados.

»¿Qué significa esta gangrena social?

»Ustedes están al lado del enfermo: traten la enfermedad. Ustedes tienen responsabilidad: estudien el problema en serio.

»Cuando hacen leyes, ¿qué son sino parches? La mitad de sus códigos viene de la costumbre.

»Marcar con hierro caliente solo cauteriza y pudre. ¿Y en qué termina todo? Le estampan el crimen de por vida al criminal y lo convierten en delincuente para siempre. La prisión es una ampolla que esparce un mal peor del que pretende sacar. Y la pena de muerte, cuando se aplica, es una amputación bárbara.

»Así que el hierro, los trabajos forzados y la pena de muerte son parte del mismo sistema. Ya abandonaron el hierro al rojo: abandonen lo demás. ¿Por qué conservar la cadena y el hacha si ya dejaron el hierro? Farinace era monstruoso, pero al menos no era ridículo.

»Tiren abajo esa escalera gastada que lleva al crimen y al sufrimiento. Revisen sus leyes, revisen sus códigos, reconstruyan sus prisiones, cambien a sus jueces. Hagan leyes para el presente.

»Hablan de ahorrar: pues dejen de derrochar cortando tantas cabezas al año. Supriman al verdugo. Con lo que pagan a ochenta verdugos podrían pagar a seiscientos maestros de escuela. Piensen en la gente: habría escuelas para los niños y talleres para los hombres.

»¿Saben que en Francia hay menos gente que sabe leer que en cualquier otro país de Europa? Suiza sabe leer, Bélgica sabe leer, Dinamarca sabe leer, Grecia sabe leer, Irlanda sabe leer… ¡y Francia no sabe leer! Es una vergüenza.

»Entren a los presidios, miren a cada condenado y verán —por el perfil, por la forma de la cabeza— cuántos parecen sacados del mundo animal: el lince, el gato, el mono, el buitre, la hiena. La naturaleza puede tener su parte de culpa, sí; pero la falta de educación alimenta el mal. Den educación real al pueblo, y hagan crecer lo bueno que todavía existe en esas mentes torcidas.

»A la gente hay que medirla por sus oportunidades. Roma y Grecia educaron a su pueblo: hagan ustedes lo mismo.

»Cuando Francia sepa leer, den al pueblo motivos para aspirar a algo más alto. La ignorancia es preferible a un saber a medias y mal guiado. Y recuerden: hay un libro más importante que el Compère Mathieu, más popular que Le Constitutionnel y más digno que la Carta de 1830: la Biblia.

»Hagan lo que hagan, la mayoría seguirá siendo pobre y desdichada. A los pobres les toca el trabajo y la carga pesada; a los ricos, los placeres.

»Si así es la vida, ¿no debería el Estado ponerse del lado del más débil?

»En medio de tanta miseria, si ponen la esperanza en la balanza, si el pobre aprende que existe un cielo donde reina la alegría, un paraíso del que también puede participar, ustedes lo levantan: siente que también le toca algo de la alegría del rico. Eso fue lo que enseñó Jesús, y de eso sabía más que Voltaire.

»Den a ese pueblo que trabaja y sufre aquí la esperanza de un mundo distinto, y seguirá adelante con paciencia. La paciencia nace de la esperanza.

»Lleven el Evangelio a todos los pueblos; que cada casa tenga su Biblia. Esa semilla se va a esparcir pronto. Fomenten la virtud, y de ahí crecerá lo que hoy está abandonado.

»El hombre se volvió asesino en ciertas circunstancias; con otra influencia, habría servido bien a su país.

»Así que animen al pueblo, mejoren a las masas, ilumínenlas, cuiden su moral, háganlas útiles, y para cabezas como esas no van a necesitar el acero frío.»

ÚLTIMO DÍA DE UN CONDENADO

Prefacio a la primera edición
1829

Hay dos maneras de explicar la existencia de este libro. O hubo, en efecto, un fajo de hojas amarillas de tamaño desigual en las que se encontraban, registrados uno por uno, los últimos pensamientos de algún desventurado; o existió un hombre, un soñador, que se dedicó a observar la naturaleza en provecho del arte, un filósofo, un poeta, qué sé yo, cuya fantasía fue la presente idea, y que lo atrapó o, más bien, se dejó atrapar por ella, y que sólo pudo desembarazarse de ésta vertiéndola en un libro. De estas dos explicaciones, que el lector elija la que quiera.

I

Bicêtre[1]

¡Condenado a muerte!

Desde hace cinco semanas que vivo con este pensamiento, siempre a solas con él, siempre paralizado por su presencia, encorvado toda la vida bajo su peso.

En otra época —digo esto porque siento que han transcurrido años más que semanas— yo era un hombre como cualquier otro hombre.

---

[1] El Castillo de Bicêtre, levantado en 1632 por orden del cardenal Richelieu sobre los restos de una fortaleza medieval, nació como refugio para los soldados mutilados por la guerra. Con el paso del tiempo, sus muros fueron acumulando otras funciones más sombrías. En la época de Victor Hugo era a la vez hospital, hospicio, manicomio y prisión. Allí convivían ancianos, enfermos, locos y criminales; y entre ellos, los condenados a trabajos forzados y los sentenciados a muerte, que aguardaban en Bicêtre —bajo la inscripción irónica de Hospicio de la vejez— hasta el día mismo de su ejecución.

Cada día, cada hora, cada minuto tenía su propio sentido. Mi mente, joven y rica, estaba llena de fantasías. Se entretenía presentándomelas unas tras otras, sin orden ni objetivo, bordando con arabescos inextinguibles el tejido tosco y ligero de la vida. Muchachas, espléndidas capas de obispo, batallas ganadas, teatros llenos de ruido y de luz, y luego muchachas de nuevo, y caminatas oscuras en la noche bajo los largos brazos de los castaños. Mi imaginación siempre estaba de fiesta. Yo podía pensar en lo que quisiera; yo era libre.

Ahora estoy preso. Mi cuerpo está encadenado dentro de un calabozo; mi mente está en prisión dentro de una idea. ¡Una idea horrible, sangrienta, implacable! No tengo más que un pensamiento, una convicción, una certidumbre: ¡condenado a muerte!

Haga lo que haga, este pensamiento infernal permanece ahí, a mi lado, como un espectro de plomo, solitario y celoso, expulsando toda distracción, enfrentándome cara a cara con el miserable que soy, sacudiéndome con sus manos de hielo cuando quiero mirar hacia otro lado o cerrar los ojos. Se desliza bajo todas las formas que mi mente busca para huir, se mezcla como un horrible estribillo en cuantas palabras me dirigen, se agarra conmigo a las rejas espantosas de mi calabozo; me obsesiona durante la vigilia, espía mi dormitar convulsivo y reaparece en mis sueños con la forma de un cuchillo.

Acabo de despertarme entre sobresaltos, perseguido por él y diciendo: «¡Ah! ¡Sólo es un sueño!». Pues bien, antes incluso de que mis ojos pesados hayan tenido tiempo de entreabrirse lo suficiente para ver este pensamiento fatal escrito en la horrible realidad que me rodea —sobre las losas húmedas y rezumantes de mi celda, en los pálidos rayos de mi lámpara de noche, en la trama grosera de la tela de mi ropa, bajo la sombría figura del soldado de guardia cuya cartuchera brilla a través de la reja del calabozo—, me ha parecido como si una voz me hubiera murmurado al oído: «¡Condenado a muerte!».

II

Era una bella mañana de agosto. Hacía tres días que se había entablado mi proceso; hacía tres días que mi nombre y mi crimen convocaban, todas las mañanas, a una bandada de espectadores que venían a tumbarse sobre los bancos de la sala de Audiencias como cuervos alrededor de un cadáver; hacía tres días que toda aquella fantasmagoría de jueces, testigos, abogados, procuradores del rey pasaba y volvía a pasar frente a mí, a veces grotesca, a veces sangrienta, siempre sombría y fatal.

Las dos primeras noches la inquietud y el terror me impidieron dormir; la tercera, me dormí de aburrimiento y de cansancio. A medianoche había dejado al jurado deliberando. Me habían vuelto a traer a la paja de mi calabozo y caí de inmediato en un sueño profundo, un sueño de olvido. Eran las primeras horas de reposo después de muchos días.

Todavía me encontraba en lo más profundo de este sueño cuando vinieron a despertarme. Esta vez no bastó con el paso metálico de los zapatos con herrajes del carcelero, ni con el tintineo de su llavero, ni con el ronco chirrido de las cerraduras para sacarme de mi letargo; hizo falta su bronca voz en mi oreja y su mano ruda sobre mi brazo.

—¡Levántese!

Abrí los ojos y me incorporé, asustado. En ese instante, a través de la ventana alta y estrecha de mi celda, vi en el techo del corredor vecino —único cielo que me estaba permitido entrever— ese reflejo amarillo en el cual los ojos acostumbrados a las tinieblas saben reconocer el brillo del sol. Me gusta el sol.

—Hace un buen día —le dije al carcelero.

Permaneció un instante sin responderme, como si no estuviera seguro de que valiera la pena gastar una sola palabra; al fin murmuró bruscamente, y sin esfuerzo alguno:

—Puede ser.

Permanecí inmóvil, la mente medio dormida, la boca sonriente, los ojos fijos en aquella dulce reverberación dorada que jaspeaba el techo.

—Qué día más bello —repetí.

—Sí —contestó el hombre—. Le están esperando.

Estas breves palabras, como el hilo que rompe el vuelo del insecto, me devolvieron violentamente a la realidad. De nuevo vi, como en la luz de un relámpago, la sala sombría del tribunal, la hilera de los jueces cargados de harapos ensangrentados, los tres rangos de testigos con sus expresiones estúpidas, los dos gendarmes en los dos extremos de mi banco; vi las túnicas negras agitarse y las cabezas de la multitud hormiguear entre las sombras del fondo, y cómo se detenía sobre mí la mirada fija de esos doce miembros del jurado que habían permanecido despiertos mientras yo dormía.

Me levanté; me castañeteaban los dientes, las manos me temblaban y no sabían encontrar mi ropa, mis piernas se sentían débiles. Al primer paso tropecé como un mozo de cuerda demasiado cargado. Sin embargo, seguí al carcelero.

Los dos gendarmes me esperaban tras el umbral de la celda. Volvieron a ponerme las esposas. Tenían una pequeña cerradura complicada que cerraron con cuidado. Les dejé hacer: aquello era una máquina puesta sobre una máquina.

Cruzamos un patio interior. El aire fresco de la mañana me reanimó. Miré hacia arriba. El cielo era azul, y los rayos cálidos del sol, cortados por las largas chimeneas, trazaban grandes ángulos de luz sobre los remates de los muros altos y sombríos de la prisión. En efecto, hacía un buen día.

Subimos por una escalera de caracol; atravesamos un corredor, después otro, después un tercero; a continuación, una puerta baja se abrió. Un aire caliente mezclado con ruido me golpeó el rostro: era el soplo de la multitud en la sala de Audiencias. Entré.

En el momento de mi aparición hubo un rumor de armas y de voces. Los bancos se desplazaron ruidosamente. Los tabiques crujieron; y, mientras recorría la larga sala entre dos masas de gente emparedadas entre soldados, me pareció ser el eje al cual se ataban los hilos que movían todas aquellas caras inanimadas y torcidas.

En este instante me percaté de que ya no llevaba esposas; pero no pude recordar dónde ni cuándo me las habían quitado.

Entonces se hizo un gran silencio. Había llegado a mi lugar en la sala. Cuando el tumulto cesó en la multitud, cesó también en mis ideas. Comprendí de golpe y con claridad lo que hasta entonces sólo había entrevisto confusamente: que el momento decisivo había llegado y que me encontraba allí para escuchar mi sentencia.

Que lo explique quien pueda: esta idea, de la forma en que me vino, no me causó terror alguno. Las ventanas estaban abiertas; el aire y el ruido de la ciudad llegaban libremente del exterior; la sala estaba iluminada como para una boda; los alegres rayos de sol trazaban aquí y allá la figura luminosa de las ventanas, a veces alargada sobre el suelo, a veces extendida sobre las mesas, a veces rota en la esquina de las paredes; y desde los rombos luminosos de las ventanas cada rayo dibujaba en el aire un gran prisma de polvo dorado.

Los jueces, al fondo de la sala, tenían un aire satisfecho, probablemente debido a la satisfacción de estar cerca de terminar. El rostro del presidente, dulcemente iluminado por el reflejo de un vidrio, tenía algo de calmado y bueno; y un joven asesor charlaba casi alegremente, arrugándose la golilla, con una bella dama de sombrero rosa, sentada por suerte detrás de él.

Sólo los miembros del jurado se veían pálidos y abatidos, pero al parecer eso se debía al cansancio de haber pasado la noche en vela. Algunos de ellos bostezaban. Nada en su as- pecto revelaba a unos hombres que acaban de pronunciar una sentencia de muerte; en las facciones de estos buenos señores yo no adivinaba más que unas vehementes ganas de dormir.

Frente a mí, una ventana estaba abierta de par en par. Podía oír risas que venían del muelle de las Flores; y, al borde de la ventana, una bella plantita amarilla, iluminada por un rayo de sol, jugaba con el viento en una hendidura de la piedra.

¿Cómo hubiera podido brotar una idea siniestra entre tantas sensaciones agradables? Inundado como estaba de aire y de sol, me resultó imposible pensar en algo distinto a la libertad; la esperanza vino a reverberar en mí como el día a mi alrededor; y, confiado, esperé mi sentencia como se esperan la liberación y la vida.

Mientras tanto, mi abogado entró en la sala. Lo esperaban. Acababa de desayunar copiosamente y con buen apetito.

Cuando llegó a su puesto, se inclinó hacia mí con una sonrisa.

—Tengo esperanzas —me dijo.

—¿De veras? —respondí, ligero y también sonriente.

—Sí —continuó—. Todavía no sé nada de su veredicto, pero sin duda habrán descartado la premeditación, y entonces será cosa de trabajos forzados a perpetuidad, nada más.

—Pero ¿qué dice, señor? —repliqué indignado—. ¡Prefiero cien veces la muerte!

¡Sí, sí, sí. la muerte! Y además —repetía no sé qué voz en mi interior—, ¿qué riesgo corro al decirlo? ¿Acaso una sentencia de muerte no se ha pronunciado siempre a medianoche, bajo la luz de las antorchas, en una sala sombría y negra, en noches frías de lluvia y de invierno? Pero durante el mes de agosto, a las ocho de la mañana, en un día tan bello, con unos jurados tan buenos… ¡Imposible! Y mis ojos volvían a fijarse en la bella flor amarilla iluminada por el sol.

De súbito, el presidente, que sólo esperaba al abogado, me invitó a levantarme. La tropa presentó las armas; como empujada por un movimiento eléctrico, toda la asamblea se puso en pie al mismo tiempo. Una figura insignificante y nula, situada en una mesa debajo del tribunal —el escribano, creo que era—, tomó la palabra y leyó el veredicto que los jurados habían pronunciado en mi ausencia. Un sudor frío brotó de todos mis miembros; me apoyé contra la pared para no caer.

—Abogado, ¿tiene usted algo que decir sobre la aplicación de la pena? —preguntó el presidente.

Yo habría tenido mucho que decir, pero nada me vino a la boca. La lengua se me quedó pegada al paladar.

El defensor se levantó.

Comprendí que intentaba atenuar el veredicto del jurado y sustituirlo por la otra pena, esa que tanto me había molestado oírle pronunciar hacía unos momentos.

La indignación habría tenido que ser muy fuerte para abrirse camino a través de las mil emociones que se disputaban mi pensamiento. Quise repetir en voz alta lo que ya le había dicho: «¡Prefiero cien veces la muerte!». Pero me faltó el aliento, y no pude más que tomarlo bruscamente del brazo, gritando con una fuerza convulsiva:

—¡No!

El procurador general combatió los argumentos del abogado, y yo lo escuché con una satisfacción estúpida. Después los jueces salieron, luego volvieron a entrar, y el presidente leyó la sentencia.

—¡Condenado a muerte! —dijo la multitud; y, mientras me sacaban de allí, toda esa gente se precipitó sobre mí con el estruendo de un edificio al ser demolido.

Yo seguía caminando, ebrio y estupefacto. Una revolución acababa de producirse dentro de mí. Hasta el decreto de muerte, me había sentido respirar, palpitar, vivir en el mismo mundo que los otros hombres; ahora distinguía claramente una valla entre ese mundo y yo. Nada se me aparecía con el mismo aspecto de antes. Esas amplias ventanas luminosas, ese bello sol, ese cielo puro, esa hermosa flor, todo era blanco y pálido, del color de una mortaja. A esos hombres, esas mujeres, esos niños que se apiñaban a mi paso, les atribuía aspecto de fantasmas.

En lo bajo de la escalera, un carruaje con rejas, negro y sucio, me esperaba. En el momento de subir, eché una mirada, al azar, sobre la plaza.

—¡Un condenado a muerte! —gritaban los transeúntes, corriendo hacia el carruaje.

A través de la nube que sentía interpuesta entre las cosas y yo, distinguí a dos jovencitas que me seguían con ojos ávidos.

—Bueno —dijo la más joven—, ¡será dentro de seis semanas!

III

¡Condenado a muerte!

Pues bien, ¿por qué no? «Los hombres —recuerdo haber leído en no sé qué libro carente por lo demás de interés—, los hombres son todos condenados a muerte con sentencias suspendidas indefinidamente». Así pues, ¿qué es lo que tanto ha cambiado en mi situación?

Desde la hora en que se pronunció mi sentencia, ¡cuántos han muerto habiendo hecho planes para una larga vida! ¡Cuántos se me han adelantado, jóvenes, libres y sanos, que contaban con ir tal día a la plaza de la Grève para ver mi decapitación!

De aquí a ese momento, ¡cuántos que caminan y respiran despreocupadamente, y entran y salen como les place, se me adelantarán también!

Además, ¿qué tiene esta vida para que su pérdida sea tan dolorosa para mí? En verdad, el día oscuro y el pan negro del calabozo, la ración escasa de caldo bebida de la cubeta de los presidiarios, esos maltratos con que me atormentan, a mí, que he recibido una educación refinada; la brutalidad de los carceleros y los cabos de vara; ese no poder contemplar a un solo ser humano que quiera dirigirme unas palabras y a quien yo pueda responderle; ese estremecerme sin cesar por lo que he hecho y por lo que me harán: he aquí, más o menos, los únicos bienes que podrá quitarme el verdugo.

¡Ah, pero qué importa, esto es horrible!

IV

El carruaje negro me transportó aquí, a este Bicêtre espantoso.

Visto de lejos, este edificio tiene cierta majestad. Se despliega sobre el horizonte, al frente de una colina, y guarda a distancia algo de su antiguo esplendor, un aire de castillo real.

Pero a medida que uno se acerca, el palacio se transforma en una casa en ruinas. Los aguilones degradados hieren la mirada. Un no sé qué de vergonzoso y de empobrecido ensucia estas fachadas reales; es como si los muros sufrieran de lepra. Nada de vidrieras, nada de cristales en las ventanas; tan sólo macizas barras de hierro entrecruzadas, a las cuales se adhiere aquí y allá la pálida figura de un carcelero o de un loco.

Así es la vida vista de cerca.

<h2 style="text-align:center">V</h2>

Apenas llegué, unas manos de hierro se apoderaron de mí. Las precauciones se multiplicaron; nada de cuchillos, nada de tenedores para mis comidas; la camisa de fuerza, una especie de saco de lona, aprisionó mis brazos; aquí respondían por mi vida. Yo había recurrido en casación. Este oneroso asunto podía tardar seis o siete semanas, y era importante conservarme sano y salvo para la plaza de la Grève.

Los primeros días me trataron con una suavidad que me parecía horrible. Las atenciones de un carcelero huelen a cadalso. Felizmente, a los pocos días la costumbre se impuso; me confundieron con los otros prisioneros en una brutalidad común, y prescindieron de esos inusuales gestos de amabilidad que me hacían pensar una y otra vez en el verdugo.

No fue ésta la única mejora. Mi juventud, mi docilidad, los cuidados del capellán de la prisión y, sobre todo, algunas palabras en latín que le dirigí al conserje, que no las comprendió, me dieron derecho a pasear una vez por semana con los otros detenidos, e hicieron desaparecer la camisa que me tenía paralizado. También, después de mucho dudar, me dieron tinta y papel, plumas y una lámpara de noche.

Todos los domingos, después de la misa, a la hora del recreo, me sueltan en el patio. Allí charlo con los detenidos: es necesario que lo haga. Son buena gente, esos miserables. Me relatan sus hazañas; es para horrorizarse, pero sé que se vanaglorian de ellas. Me enseñan a hablar el argot, a «rajar del mazo», como dicen. Es toda una lengua injertada en la lengua general como una especie de excrecencia espantosa, como una verruga. A veces tiene una energía singular, un pintoresquismo pavoroso: hay arrope sobre la carretera (sangre sobre el camino), casarse con la viuda (morir ahorcado), como si la cuerda de la horca fuera la viuda de todos los ahorcados. La cabeza de un ladrón tiene dos nombres: la sorbona, cuando medita, razona y aconseja el crimen; el tronco, cuando la corta el verdugo. A veces, esa lengua adquiere un espíritu de vodevil: una cachemira de mimbre (un cuévano de trapero), la mentirosa (la lengua); así, por todas partes, a cada momento, palabras curiosas, misteriosas, feas y sórdidas, venidas de no se sabe dónde: el chirona (el verdugo), la veleta (la muerte), la encartelada (la plaza de ejecuciones). Sapos y arañas, se podría decir. Cuando uno oye hablar esta lengua, siente el efecto de algo sucio y podrido, como si le hubieran lanzado al rostro un rebujo de harapos malolientes.

Al menos, estos hombres me compadecen, y son los únicos. Los carceleros, los guardianes, los llaveros —no se lo reprocho— conversan y ríen, y hablan de mí, delante de mí, como de una cosa.

VI

Me dije:

«Puesto que tengo los medios para escribir, ¿por qué no habría de hacerlo?». Pero ¿qué escribir? Preso entre cuatro murallas de piedra desnuda y fría, sin libertad para mis pasos, sin horizonte para mis ojos, ocupado durante el día entero, como única distracción, en seguir la lenta marcha de ese cuadrado blancuzco que la mirilla de mi puerta dibuja sobre la oscura pared de enfrente, y, como decía hace un momento, totalmente solo con una idea, una idea de crimen y castigo, de asesinato y de muerte. ¿Puedo tener algo que decir, yo que ya nada tengo que hacer en este mundo? ¿Y qué encontraré en este cerebro marchito y vacío que valga la pena de ser escrito?

¿Por qué no? Si bien a mi alrededor todo es monótono y descolorido, ¿no hay en mí una tempestad, una lucha, una tragedia? Esta idea fija que me posee, ¿no se me presenta a cada hora, a cada instante, bajo una forma nueva, cada vez más horrible y más sangrienta a medida que se acerca el día? ¿Por qué no habría de intentar decirme a mí mismo todo lo que encuentro de violento y de desconocido en la situación abandonada en que me hallo?

En verdad, la materia es rica; y, aunque mi vida haya sido abreviada, aún habrá en las angustias, en los terrores, en las torturas que la llenarán hasta la última hora, con qué gastar esta pluma y secar este tintero. Además, la única manera de sufrir menos estas angustias es observarlas, y describirlas me distraerá.

Por otra parte, tal vez lo que pretendo escribir no sea inútil. Este diario de mis sufrimientos, hora tras hora, minuto tras minuto, suplicio tras suplicio, si encuentro las fuerzas para llevarlo hasta el instante en que me sea físicamente imposible continuar; esta historia de mis sensaciones, necesariamente inacabada pero tan completa como sea posible, ¿no llevará consigo una enseñanza grande y profunda?

¿No habrá, en el atestado de mi pensamiento agonizante, en esta progresión de dolores siempre creciente, en esta especie de autopsia intelectual de un condenado, más de una lección para los que condenan? ¿Podrá quizá esta lectura volver menos ligera la mano cuando de nuevo se trate de hacer rodar una cabeza que piensa, una cabeza de hombre, en eso que llaman la balanza de la justicia?

¿Será posible que estos infelices no hayan reflexionado nunca acerca de la lenta sucesión de torturas que encierra la expeditiva fórmula de una sentencia de muerte? ¿Acaso se han detenido jamás en esta poderosa idea: que hay en el hombre que suprimen una inteligencia, una inteligencia que había contado con la vida, un alma que no se había dispuesto para la muerte?

No. No ven ellos en todo esto más que la caída vertical de una cuchilla triangular, y piensan sin duda que para el condenado no hay nada antes, nada después.

Estas páginas los desengañarán. Si un día son publicadas, harán que su mente se detenga algunos instantes sobre los sufrimientos del espíritu; pues son éstos los que ellos no llegan a sospechar. Se sienten triunfantes de poder matar casi sin que el cuerpo sufra. ¡Porque es de eso de lo que se trata! ¡Qué cosa es el dolor físico junto al dolor moral! ¡Horror y piedad, leyes hechas así!

El día vendrá, y quizá estas memorias, los últimos confidentes de un miserable, habrán contribuido a ello…

A no ser que después de mi muerte el viento del patio juegue con estos trozos de papel ensuciados de barro, o que vayan a pudrirse bajo la lluvia, pegados como estrellas a la ventana rota de un carcelero.

VII

Que lo que aquí escribo pueda ser útil a otros algún día, que detenga al juez preparado para juzgar, que salve a los infelices, inocentes o culpables, de la agonía a la cual estoy condenado, ¿para qué? ¿De qué sirve? ¿Qué importa?

Cuando me hayan cortado la cabeza, ¿qué más me da que corten otras? ¿Será posible que se me hayan ocurrido realmente estas locuras? ¡Echar abajo el cadalso después de haber subido en él! Os pregunto qué beneficio puedo sacar de ello.

El sol, la primavera, los campos llenos de flores, los pájaros que se despiertan al amanecer, las nubes, los árboles, la naturaleza, la libertad, la vida, ¡nada de esto me pertenece ya!

¡Ah! ¡Es a mí a quien habría que salvar! ¿Será cierto que eso es imposible, que habré de morir mañana, quizá hoy mismo, que eso es así? ¡Dios mío! ¡Qué horrible idea! ¡Es para romperse la cabeza contra el muro del calabozo!

VIII

Hagamos la cuenta de lo que me queda:

Tres días de aplazamiento después del fallo pronunciado en el recurso de casación.

Ocho días de olvido en el estrado de la sala de Audiencias, después de los cuales las «piezas de autos», como las llaman, son enviadas al ministerio.

Quince días de espera en el despacho del ministro, que no sabe ni siquiera que las piezas existen y que se supone, sin embargo, que debe transmitirlas, después de examinarlas, a la corte de casación.

Allí, clasificación, numeración, registro; pues la guillotina está saturada, y nadie debe pasar antes de que sea su turno.

Quince días para vigilar que no haya atropellos.

Al fin la corte se reúne, de ordinario un jueves, rechaza veinte recursos en conjunto, y lo devuelve todo al ministro, que lo devuelve al procurador general, que lo devuelve al verdugo. Tres días.

A la mañana del cuarto día, el sustituto del procurador general se dice, mientras se pone la corbata:

—De cualquier forma, hay que ponerle un final a este asunto.

Entonces, si el sustituto del escribano no tiene ninguna comida de amigos que se lo impida, la minuta de la orden de ejecución es redactada, pasada a limpio, expedida, y a la mañana siguiente, a partir del alba, se oye el martilleo sobre una armazón, y en las esquinas los gritos de viva voz de los voceadores enronquecidos.

En total, seis semanas. La jovencita tenía razón.

Pues bien, hace al menos cinco semanas, tal vez seis, ya no me atrevo a contarlas, que estoy en este calabozo de Bicêtre, y me parece que hace tres días era jueves.

IX

Acabo de hacer mi testamento.

¿De qué sirve? Estoy condenado a pagar las costas, y todo lo que tengo apenas me alcanzará para ello. La guillotina es muy cara.

Dejo una madre, dejo una mujer, dejo una hija.

Una niñita de tres años, dulce, sonrosada, frágil, con grandes ojos negros y largos cabellos castaños.

Tenía dos años y un mes cuando la vi por última vez.

Así, tras mi muerte, tres mujeres, sin hijo, sin marido, sin padre; tres huérfanas de distinta especie; tres viudas a causa de la ley.

Admito que justamente se me castigue, pero ¿qué han hecho estas inocentes? Poco importa; serán deshonradas, serán arruinadas. Así es la justicia.

No es que me preocupe mi pobre madre vieja; tiene sesenta y cuatro años, morirá en cualquier momento. O, si todavía sobrevive unos días más, mientras tenga hasta el último momento un poco de ceniza caliente en su brasero, no dirá nada.

Mi mujer tampoco me preocupa; tiene ya mala salud y es débil de carácter. También ella morirá.

A menos que enloquezca. Dicen que eso alarga la vida; pero al menos la inteligencia no sufre; la inteligencia duerme, está como muerta.

Pero mi hija, mi niña, mi pobrecita Marie, que ríe, que juega, que a estas horas canta sin pensar en nada, ¡es ella la que me hace sufrir!

X

He aquí lo que es mi calabozo:

Ocho pies cuadrados. Cuatro muros de piedra tallada que se apoyan en ángulo recto sobre un adoquinado de losas elevado un grado sobre el corredor exterior.

Entrando, a la derecha de la puerta, hay una especie de hundimiento que forma una alcoba de escarnio. Ahí han colocado una paca de paja donde se supone que duerme y descansa el prisionero, vestido con un pantalón de tela y una chaqueta de dril, tanto en invierno como en verano.

Sobre mi cabeza, a guisa de cielo, una bóveda negra «ojival» —así es como se le llama— de la cual cuelgan como jirones espesas telarañas.

Por lo demás, nada de ventanas, ni un tragaluz siquiera. Una puerta de madera cubierta de hierro.

Me equivoco; en el centro de la puerta, hacia la parte superior, una apertura de nueve pulgares cuadrados, cortada por una reja en forma de cruz, que el carcelero puede cerrar por las noches.

Fuera, un corredor bastante largo, iluminado, aireado mediante estrechos tragaluces que hay en lo alto de la pared, y dividido en compartimentos de mampostería que se comunican entre sí por una serie de puertas cimbradas y bajas; cada uno de estos compartimentos sirve de algún modo como antecámara de un calabozo parecido al mío. En estos calabozos se mete a los presidiarios condenados por el director de la prisión a penas disciplinarias. Los tres primeros calabozos están reservados para los condenados a muerte, puesto que, al estar más cerca de la cárcel, resultan más cómodos para el carcelero.

Estos calabozos son todo lo que queda del antiguo castillo de Bicêtre, tal como fue construido en el siglo XV por el cardenal de Winchester, el mismo que mandó quemar a Juana de Arco. Todo esto se lo oí decir a unos curiosos que el otro día vinieron para verme en mi cabaña, y que me miraban a distancia como a una fiera de exhibición. El carcelero recibió unas cuantas monedas.

Me olvidaba de decir que, de día y de noche, hay en la puerta de mi calabozo un centinela de guardia, y que mis ojos no pueden elevarse hacia la ventanilla sin encontrarse con los suyos, fijos y siempre abiertos.

Por lo demás, se supone que hay aire y luz en esta caja de piedra.

XI

Puesto que el día aún no aparece, ¿qué hacer de la noche? Se me ha ocurrido una idea. Me he levantado y he paseado mi lámpara sobre las cuatro paredes de mi celda. Están cubiertas de escrituras, de dibujos, de figuras raras, de nombres que se mezclan y se borran los unos a los otros. Parece que cada condenado haya querido dejar su marca, por lo menos aquí. Lápiz, tiza, carbón; letras negras, blancas, grises; a menudo cortes profundos en la piedra; aquí y allá, letras enmohecidas que parecen escritas con sangre.

Por supuesto que, si mi mente se sintiera más libre, podría interesarme este extraño libro que se desarrolla página a página frente a mis ojos sobre las piedras de este calabozo. Me gustaría recomponer un todo con estos fragmentos de pensamiento esparcidos sobre las losas; encontrar al hombre bajo el nombre; dar sentido y vida a estas inscripciones mutiladas, a estas frases desmembradas, a estas palabras truncadas, cuerpos sin cabeza como los que las han escrito.

A la altura de mi cabecera hay dos corazones inflamados y atravesados por una flecha, y sobre ellos: «Amor por la vida». El infeliz no se comprometía a largo plazo.

Al lado, una especie de sombrero de tres picos, con una pequeña figura burdamente dibujada, sobre estas palabras: «¡Viva el Emperador! 1824».

Más corazones inflamados, con esta inscripción, característica de las prisiones: «Amo y adoro a Mathieu Danvin. Jacques».

Sobre la pared opuesta se lee este nombre: «Papavoine». La «P» mayúscula está bordada de arabescos y adornada con esmero.

Una estrofa de una canción obscena.

Un gorro frigio esculpido con bastante profundidad en la piedra, con esto encima: «Bories. La república».

¡Pobre muchacho! ¡Qué horribles son sus presuntas obligaciones políticas! ¡Por una idea, por un sueño, por una abstracción, esta horrible realidad que llaman guillotina! ¡Y yo que me quejaba, yo, miserable, que he cometido un crimen verdadero, que he derramado sangre!

No iré más lejos en esta búsqueda. Acabo de ver, dibujada en blanco en la esquina de la pared, una imagen espantosa: la figura de ese cadalso que, tal vez a esta misma hora, está siendo levantado para mí. Poco ha faltado para que la lámpara se me cayera de las manos.

XII

He vuelto precipitadamente a sentarme sobre mi camastro de paja, con la cabeza entre las rodillas. Enseguida mi miedo infantil se ha disipado, y me ha embargado una extraña necesidad de seguir la lectura de mis muros.

De donde estaba el nombre de Papavoine he arrancado una enorme telaraña, espesada por el polvo y extendida sobre la esquina del muro. Bajo esta telaraña había cuatro o cinco nombres perfectamente legibles, junto a otros de los cuales no queda más que una mancha en la pared: Dautun, 1815; Poulain, 1818; Jean Martin, 1821; Castaing, 1823.

He leído esos nombres, y lúgubres recuerdos me han venido a la memoria: Dautun, el que cortó a su hermano en cuatro, que por la noche se paseó por París y tiró la cabeza en una fuente y el tronco en una cloaca; Poulain, el que asesinó a su mujer; Jean Martin, el que disparó con su pistola a su padre en el momento en que el viejo abría una ventana; Castaing, aquel médico que envenenó a su amigo y que, mientras lo atendía en esa última enfermedad que él mismo le había provocado, en lugar de remedios volvía a darle veneno; y junto a ellos, Papavoine, el horrible loco que mataba a los niños a golpes de cuchillo en la cabeza.

«He aquí», me decía, y un escalofrío de fiebre me subía por los riñones, «he aquí los que me han antecedido como huéspedes de esta celda. ¡Es aquí, sobre la misma losa que ocupo ahora, donde estos hombres de sangre y crimen pensaron sus últimos pensamientos! Es alrededor de este muro, en este cuarto estrecho, que sus últimos pasos dieron vueltas como los de una bestia feroz».

Se han sucedido a intervalos muy breves; parece que este calabozo se mantiene lleno. Han calentado el puesto, y es para mí que lo han hecho. Yo iré a mi vez a reunirme con ellos en el cementerio de Clamart, donde tan bien crece la hierba.

No soy ni visionario ni supersticioso. Era probable que estas ideas me dieran un acceso de fiebre; pero, mientras así soñaba, me ha parecido de repente que estos nombres fatales habían sido escritos con fuego sobre la pared negra; un zumbido cada vez más intenso ha estallado en mis oídos; un brillo escarlata ha llenado mis ojos; y después me ha parecido que el calabozo estaba poblado de hombres, hombres extraños que llevaban su cabeza en su mano izquierda, y la llevaban de la boca, porque no tenían pelo. Todos, salvo el parricida, me enseñaban el puño.

He cerrado los ojos con horror, y entonces lo he visto todo con más claridad.

Sueño, visión o realidad, me habría vuelto loco si una impresión brusca no me hubiera despertado a tiempo. Estaba a punto de caerme de espaldas cuando he sentido que sobre mi pie desnudo se arrastraba un vientre frío y unas patas velludas; era la araña a la que había molestado y que ahora huía.

Eso me ha liberado del hechizo. ¡Oh, espantosos espectros! No, era humo apenas, una imaginación de mi cerebro vacío y convulso. ¡Una quimera al estilo Macbeth! Los muertos, muertos están, sobre todo aquéllos. Están bien encerrados en el sepulcro; no es ésta una prisión de la cual uno pueda escapar. Entonces, ¿cómo es que me han atenazado estos temores?

La puerta de una tumba no se abre desde dentro.

XIII

He visto, en estos días pasados, una cosa horrible.

Acababa de amanecer, y la prisión estaba llena de ruido. Se oía el abrir y cerrar de puertas pesadas; el rechinar de los cerrojos y las cadenas de hierro; el repicar de los manojos de llaves entrechocando en el cinturón de los carceleros; el temblor de las escaleras bajo los pasos precipitados; y se oían voces llamándose y contestándose de un extremo al otro de los largos corredores.

Mis vecinos de calabozo, los presidiarios castigados, estaban más alegres que de costumbre. Todo Bicêtre parecía reír, cantar, correr, bailar.

Yo, el único mudo en ese jaleo, el único inmóvil en ese tumulto, escuchaba. Pasó un carcelero. Me atreví a llamarlo para preguntarle si había una fiesta en la prisión.

—¡Si a eso le llama usted fiesta! —respondió—. Hoy herrarán a los galeotes que deberán partir mañana hacia Toulon. ¿Quiere usted verlo? Se divertirá.

En efecto, para un recluso solitario, un espectáculo, por odioso que fuera, era una fortuna. Acepté el entretenimiento.

El carcelero tomó las precauciones usuales para controlarme, y enseguida me condujo a una pequeña celda vacía y absolutamente desamoblada que tenía una ventana con reja, pero una ventana de verdad, a la altura del pecho, y a través de la cual se veía realmente el cielo.

—Tenga —me dijo—. Desde aquí podrá ver y oír. Aquí estará solo en sus habitaciones, como el rey.

Entonces salió y me encerró con cerraduras, cadenas y pestillos.

La ventana daba a un patio cuadrado bastante grande, alrededor del cual se elevaba, por los cuatro lados, como una muralla, un gran edificio de piedra tallada de seis pisos. Nada más degradado, nada más desnudo, nada más miserable al ojo que esta cuádruple fachada agujereada por ventanas con sus rejas, a las cuales se adhería, de abajo arriba, una muchedumbre de rostros delgados y pálidos, apiñados los unos sobre los otros, como las piedras de un muro, y todos, por así decirlo, enmarcados en los entrecruzamientos de los barrotes de hierro.

Eran los prisioneros, espectadores de la ceremonia mientras llegaba el día en que les tocaría ser actores. Parecían almas en pena en los tragaluces que desde el purgatorio dan al infierno.

Todos miraban en silencio hacia el patio todavía vacío.

Esperaban. Entre esas figuras apagadas y taciturnas, aquí y allá brillaban algunos ojos agudos y vivos como blancos de tiro.

El cuadrilátero de prisiones que envuelve el patio no se cierra sobre sí mismo. Una de las cuatro caras del edificio (la que da al este) está cortada por el medio, y no se une a la cara vecina más que por una cancela de hierro. Esta puerta se abre sobre un segundo patio, más pequeño que el primero y, como éste, tapiado por muros y aguilones negruzcos.

Alrededor del patio principal hay bancos de piedra adosados a la muralla. En el centro se levanta una caña de hierro curvada, destinada a sostener un farol.

Llegó el mediodía. Una gran puerta cochera escondida bajo un hundimiento se abrió bruscamente. Una carreta, escoltada por una especie de soldados sucios y vergonzosos, en uniformes azules con hombreras rojas y bandoleras amarillas, entró pesadamente en el patio, haciendo un ruido de chatarra. Era la chusma con las cadenas.

En el mismo instante, como si ese ruido hubiera despertado todo el ruido de la prisión, los espectadores de las ventanas, hasta entonces silenciosos e inmóviles, estallaron en gritos de júbilo, en canciones, en amenazas, en imprecaciones mezcladas con carcajadas angustiosas de oír. Parecían máscaras diabólicas. Sobre cada rostro apareció una mueca, todos los puños salieron de los barrotes, todas las voces aullaron, todos los ojos llamearon, y me espantó ver tantas chispas reaparecer en aquellas cenizas.

Mientras tanto, los sotacabos, entre los cuales podía distinguirse, por sus limpias vestimentas y su aspecto aterrorizado, a unos pocos curiosos venidos de París, se pusieron tranquilamente manos a la obra. Uno de ellos subió a la carreta y arrojó a sus camaradas las cadenas, los «collares de viaje» y los atados de pantalones de tela. Entonces se dividieron el trabajo: unos fueron a extender en una esquina del patio las largas cadenas que en su argot llamaban «hilos»; los otros desplegaron sobre el adoquinado «los tafetanes», las camisas y los pantalones; mientras que los más sagaces examinaban, bajo la mirada de su capitán, un viejito achaparrado, los collares de hierro, que enseguida probaban, haciéndolos centellear sobre el adoquinado.

Y todo, bajo las aclamaciones burlonas de los reclusos, cuya voz sólo era dominada por las risas ruidosas de los galeotes para quienes todo aquello se preparaba, y que se veían relegados a las ventanas de la vieja prisión que da al patio pequeño.

Cuando terminaron estos preparativos, un hombre adornado de plata al que llamaban «señor inspector» dio una orden al director de la prisión; y un momento después, dos o tres puertas bajas vomitaron casi al mismo tiempo y como a bocanadas una nube de hombres horribles, vociferantes y andrajosos. Eran los galeotes.

Con su entrada, se redobló el júbilo en las ventanas. Algunos de ellos, los grandes nombres del presidio, fueron saludados con aclamaciones y aplausos que recibían con una orgullosa modestia.

La mayor parte llevaba una especie de sombreros tejidos por sus propias manos con la paja del calabozo, y siempre de formas extrañas, hechos para que en las ciudades por donde pasaran llamaran la atención sobre el rostro. Éstos fueron aún más aplaudidos.

Uno, sobre todo, provocó arrebatos de entusiasmo: un muchacho de diecisiete años que tenía rostro de muchacha. Salía del calabozo, donde había permanecido, en secreto, durante ocho días; con su manojo de paja se había hecho un vestido que lo envolvía de la cabeza a los pies, y entró al patio haciendo la rueda sobre sí mismo con la agilidad de una serpiente. Era un saltimbanqui condenado por robo. Hubo un estallido de aplausos y de gritos de júbilo.

Los condenados respondían, y era algo horrible este intercambio de aclamaciones entre los galeotes titulados y los galeotes aspirantes. Por mucho que la sociedad estuviera allí presente, representada por los carceleros y los curiosos asustados, el crimen se le mofaba en la cara, y hacía, de aquel horrible castigo, una fiesta de familia.

A medida que llegaban, eran empujados, entre dos hileras de cabos de vara, al pequeño patio enrejado, donde los esperaba la visita de los médicos. Era allí donde todos hacían un último esfuerzo por evitar el viaje, alegando alguna excusa de salud: los ojos enfermos, la pierna coja, la mano mutilada. Pero casi siempre se les daba por buenos para las galeras; y entonces cada uno se resignaba con despreocupación, olvidando en pocos minutos la pretendida enfermedad de toda una vida.

La puerta del patio pequeño volvió a abrirse. Un guarda hizo el llamado por orden alfabético; y entonces salieron uno por uno, y cada galeote fue a ponerse en fila, de pie, en una esquina del patio grande, junto a un compañero dado por el azar de la letra inicial de su nombre.

Así, cada uno se ve reducido a sí mismo; cada uno lleva su propia cadena, hombro a hombro con un desconocido; y si por casualidad un galeote tiene un amigo, la cadena lo separa de él. ¡La última de las miserias!

Cuando más o menos una treintena de galeotes hubo salido, se cerró la puerta. Un sotacabo los alineó con su garrote, delante de cada uno arrojó una camisa, una chaqueta y un pantalón de talla grande, luego hizo un gesto y todos comenzaron a desvestirse. Y luego, como si hubiera escogido el momento oportuno, un incidente inesperado vino a transformar la humillación en tortura.

Hasta entonces el tiempo había sido bastante bueno, y, si la brisa de octubre enfriaba el aire, de vez en cuando también abría aquí y allá, en las brumas grises del cielo, una grieta por donde caía un rayo de sol. Pero tan pronto como los galeotes se despojaron de sus harapos de prisión, en el momento en que se ofrecían desnudos y erguidos a la vista suspicaz de los guardias, y a las miradas curiosas de los extraños que giraban a su alrededor para examinar sus hombros, el cielo se volvió negro; una fría tormenta de otoño estalló bruscamente y se descargó a torrentes sobre el patio, sobre las cabezas descubiertas, sobre los miembros desnudos de los condenados, sobre sus miserables sayos extendidos en el adoquinado.

En un abrir y cerrar de ojos, el patio se vació de todo lo que no fuera sotacabo o galeote. Los curiosos de París fueron a abrigarse bajo los tejadillos de las puertas.

Mientras tanto, la lluvia caía a raudales. En el patio no se veían más que los galeotes desnudos y chorreando sobre los adoquines del suelo inundado. Un silencio sombrío había sucedido a sus bravatas escandalosas. Tiritaban, les castañeteaban los dientes; sus piernas delgadas, sus rodillas sarmentosas se entrechocaban; y daba lástima verlos cubrirse los miembros azules con esas camisas empapadas, esas chaquetas, esos pantalones que chorreaban lluvia. La desnudez hubiera sido mejor.

Uno solo, un viejo, había conservado cierta alegría. Exclamó, mientras se secaba con una camisa mojada, que «esto no estaba en el programa»; y luego se puso a reír, levantando el puño hacia el cielo.

Cuando se hubieron puesto los trajes de camino, los galeotes fueron llevados en grupos de veinte o treinta a la otra esquina del patio, donde los esperaban los cordones extendidos sobre el suelo. Estos cordones son largas y fuertes cadenas cortadas transversalmente cada dos pies por otras cadenas más cortas, a cuyo extremo se adhiere un collar cuadrado que se abre por medio de una bisagra en uno de los ángulos y se cierra en el ángulo opuesto mediante un perno de hierro, remachado para todo el viaje sobre el cuello del presidiario. Cuando estos cordones son desenrollados sobre el suelo, representan bastante bien una espina de pescado.

Los condenados fueron obligados a sentarse en el barro, sobre los adoquines inundados; se les probaron los collares; luego, dos herreros de la chusma, armados con yunques portátiles, los remacharon en frío a mazazos metálicos. Es un momento horroroso, en el cual empalidecen hasta los más audaces. Cada golpe de martillo, asestado sobre el yunque apoyado en su espalda, hace temblar el mentón del paciente; el menor movimiento de delante atrás le haría saltar el cráneo como una cáscara de nuez.

Después de esta operación, los galeotes se volvieron taciturnos. No se oía más que el tintineo de las cadenas y, cada cierto tiempo, un grito y el ruido sordo del garrote de los cabos de vara sobre los miembros de los recalcitrantes. Algunos lloraban; los viejos se estremecían y se mordían los labios. Yo observaba con terror aquellos perfiles siniestros en sus marcos de hierro.

Así, tras la visita de los médicos, la visita de los carceleros; y tras la visita de los carceleros, el herraje. Un espectáculo en tres actos.

Un rayo de sol reapareció. Daba la impresión de que hubiera prendido fuego a todos los cerebros. Los galeotes se levantaron a la vez, como empujados por un movimiento convulsivo. Los cinco cordones se sujetaban por las manos, y de repente se formó una ronda inmensa alrededor de la rama del farol. Daban tantas vueltas que cansaba verlos.

Cantaban una canción de galeras, un romance en argot, en un aire ya quejumbroso, ya furioso y alegre; se oían, a intervalos, gritos agudos, risas desgarradas y jadeantes mezcladas con palabras misteriosas y luego con aclamaciones furibundas; y la cadencia de las cadenas que entrechocaban servía de orquesta a este canto más ronco que su ruido. Si hubiera estado buscando la imagen de un aquelarre, no habría podido encontrar otra ni mejor ni peor.

Trajeron al patio una gran tina. Los cabos de vara rompieron el baile de los condenados a golpes de garrote, y los condujeron a esa tina, en la cual nadaban no sé qué hierbas en no sé qué líquido humeante y sucio. Comieron.

Enseguida, después de comer, derramaron sobre el adoquinado lo que quedaba de su sopa y de su pan moreno, y se pusieron de nuevo a cantar y a bailar. Parece que se les permite esta libertad el día del herraje y la noche que le sigue.

Observaba yo este extraño espectáculo con una curiosidad tan ávida, tan palpitante, tan atenta, que me había olvidado de mí mismo. Un profundo sentimiento de piedad me removió las entrañas: las risas de aquellos hombres me hacían llorar.

De repente, a través de la profunda ensoñación en que había caído, vi que la ronda aulladora se detenía y callaba. Entonces, todos los ojos se volvieron hacia la ventana que yo ocupaba.

—¡El condenado! ¡El condenado! —gritaron todos, señalándome con el dedo; y se repitieron las expresiones de júbilo.

Me quedé petrificado.

Ignoro de qué me conocían y cómo me habían reconocido.

—¡Buenos días! ¡Buenas noches! —me gritaban con su atroz socarronería.

Uno de los más jóvenes, condenado a galeras perpetuas, de rostro reluciente y plomizo, me miró con expresión de envidia, diciendo:

—¡Qué afortunado es! ¡A éste lo recortarán! ¡Adiós, camarada!

No puedo explicar lo que ocurría en mí. Yo era, en efecto, su camarada. La Grève es hermana de Toulon. Yo estaba situado incluso a un nivel más bajo que ellos: ellos me honraban. Me estremecí.

¡Sí, su camarada! Y unos días más tarde, también yo habría podido ser un espectáculo para ellos.

Había permanecido en la ventana, inmóvil, tullido, paralizado. Pero cuando vi que los cinco cordones avanzaban, que se precipitaban hacia mí con palabras de una cordialidad infernal; cuando escuché el tumultuoso estrépito de sus cadenas, de sus clamores, de sus pasos, al pie del muro, me pareció que esta nube de demonios escalaba hacia mi celda miserable; solté un grito, me arrojé sobre la puerta con tanta violencia como para echarla abajo, pero no había manera de huir. Los cerrojos estaban asegurados desde fuera. Embestía la puerta, llamaba rabiosamente; y entonces me pareció escuchar todavía más de cerca las espantosas voces de los galeotes. Creí ver sus cabezas horribles aparecer sobre el borde de mi ventana; solté un segundo grito de angustia, y caí desmayado.

XIV

Cuando volví en mí, era ya de noche. Estaba acostado en un camastro; el farol que vacilaba en el techo me permitió ver otros camastros alineados a ambos lados. Comprendí que me habían trasladado a la enfermería.

Permanecí despierto unos instantes, pero sin pensamientos ni recuerdos, consagrado a la felicidad de encontrarme en una cama. En otro tiempo, desde luego, esta cama de hospital me hubiera hecho retroceder de asco y de lástima; pero yo no era ya el hombre que había sido. Las sábanas eran grises y toscas al tacto; la manta, escuálida y agujereada; se sentía la paja a través del colchón; ¡qué importa! Mis miembros podían desentumecerse a placer entre esas sábanas burdas, y bajo esa manta, aun siendo tan delgada, sentí disiparse poco a poco ese horrible frío de la médula de los huesos al cual ya me había acostumbrado. Y volví a dormir.

Un fuerte ruido me despertó; amanecía. El ruido venía de fuera. Mi cama estaba junto a la ventana; me incorporé para ver de qué se trataba.

La ventana daba al patio principal de Bicêtre. El patio estaba repleto de gente; dos hileras de veteranos se esforzaban por mantener despejado, en medio de la multitud, un camino estrecho que atravesaba el patio. En medio de aquella doble fila de soldados, avanzaban lentamente, dando tumbos con cada adoquín, cinco largas carretas repletas de hombres; eran los galeotes, que partían.

Las carretas iban descubiertas. Cada cordón ocupaba una de ellas. Los galeotes estaban sentados de lado sobre cada uno de los bordes, recostados los unos en los otros, separados por la cadena común que se extendía a lo largo del carruaje, y en el extremo de la cual un sotacabo erguido, con el fusil cargado, se sostenía en pie. Se oía el zumbido de sus hierros, y, a cada sacudida del carruaje, se veían saltar sus cabezas y balancearse sus piernas colgantes.

Una lluvia fina y penetrante enfriaba el aire, y adhería a sus rodillas la tela de esos pantalones que habían sido grises y ahora eran negros. Sus largas barbas, sus cabellos cortos, chorreaban; sus rostros eran de color violeta; se les veía tiritar, y sus dientes rechinaban de rabia y de frío. Por lo demás, no podían moverse en absoluto. Una vez clavado a esta cadena, uno no es más que una fracción de ese detestable todo que llaman «cordón», y que se mueve como un solo hombre. La inteligencia debe abdicar; el collar de las galeras la condena a muerte; y, en cuanto al animal, no debe ya tener necesidades ni apetito más que a horas fijas.

Así, inmóviles, la mayor parte medio desnudos, sus cabezas descubiertas y sus pies colgantes, comenzaban su viaje de veinticinco días, cargados por las mismas carretas, vestidos con las mismas vestimentas para el sol de plomo de julio y para las frías lluvias de noviembre. Es como si los hombres quisieran ir a medias con el cielo en su oficio de verdugos.

Se había establecido entre la multitud y las carretas un diálogo espantoso: injurias de un lado, bravatas del otro, imprecaciones de ambos; pero, a una señal del capitán, vi golpes de garrote llover al azar en las carretas, sobre hombros o sobre cabezas, y todo regresó a esa especie de calma exterior que llaman «orden». Pero los ojos estaban llenos de venganza, y los puños de los miserables se crispaban sobre sus rodillas.

Las cinco carretas, escoltadas por gendarmes a caballo y sotacabos a pie, desaparecieron sucesivamente bajo la puerta elevada de Bicêtre; una sexta las seguía: en ella se bamboleaban en desorden las calderas, las escudillas de cuero y las cadenas de recambio. Algunos cabos de vara que se habían demorado en la cantina salieron corriendo para alcanzar a su cuadrilla. La multitud se retiró. Todo este espectáculo se desvaneció como una fantasmagoría. En el aire se atenuó poco a poco el ruido pesado de las ruedas y de los cascos de los caballos sobre la carretera adoquinada de Fontainebleau, el chasquido de los látigos, el tintineo de las cadenas y los aullidos del pueblo, que deseaba todo tipo de desgracias a los galeotes en su viaje.

¡Y para ellos es apenas el comienzo!

¿Qué me decía el abogado? ¡Las galeras! ¡Ah, sí, mil veces antes la muerte! ¡Antes el cadalso que los baños, antes la nada que el infierno; antes entregar mi cuello a la cuchilla de Guillotin que al collar de la chusma! Las galeras, ¡cielo santo!

XV

Desgraciadamente, no estaba enfermo. Al día siguiente tuve que salir de la enfermería. El calabozo me recuperó.

¡No estaba enfermo! En efecto, soy joven, sano y fuerte. La sangre corre libremente por mis venas; todos mis miembros obedecen a todos mis caprichos; soy robusto de cuerpo y de espíritu, estoy hecho para una larga vida; sí, todo esto es cierto; y, sin embargo, tengo una enfermedad, una enfermedad mortal, una enfermedad hecha por la mano del hombre.

Desde que salí de la enfermería, se me ha ocurrido una poderosa idea, una idea para volverme loco, y es que habría podido escapar si me hubieran dejado solo. Esos médicos, esas hermanas de la caridad, parecían interesarse por mí. ¡Morir tan joven, y de semejante muerte! Se hubiera dicho que me compadecían, tan afanosos se mostraban alrededor de la cabecera de mi cama. ¡Bah! ¡Curiosidad! Además, esta gente que sana puede sanar una fiebre, pero no una sentencia de muerte. ¡Y, sin embargo, sería tan fácil! ¡Una puerta abierta! ¿Qué más les da a ellos?

¡Pero ya no es posible! Mi apelación será rechazada, porque todo está en regla: los testigos han testificado, los litigantes han litigado, los jueces han juzgado. No cuento con ello, a menos que… ¡No, insensato! ¡Ya no hay esperanza! La apelación es una cuerda que nos mantiene suspendidos sobre el abismo, y que oímos crujir a cada instante hasta romperse. Es como si la cuchilla de la guillotina tardara seis semanas en caer.

¿Y si obtuviera el indulto? ¡Obtener el indulto! ¿De quién? ¿Y por qué? ¿Y cómo? Es imposible que me lo otorguen. ¡El ejemplo!, como dicen.

No me quedan más que tres pasos por dar: Bicêtre, la Conserjería, la Grève.

XVI

Durante las pocas horas que pasé en la enfermería, me senté cerca de una ventana, al sol —que había vuelto a salir, o, al menos, recibiendo tanto sol como lo permitían las rejas de la ventana—.

Estaba allí, con la pesada cabeza entre mis manos, que apenas podían con ella, los codos sobre las rodillas, los pies sobre los barrotes de la silla; pues el abatimiento hace que me curve y me repliegue sobre mí mismo como si ya no tuviera huesos en los miembros ni músculos en la carne.

El olor asfixiante de la prisión me sofocaba más que nunca; en mis oídos llevaba todavía el ruido de las cadenas de los galeotes; Bicêtre me producía un inmenso hastío. Me parecía que Dios misericordioso debería apiadarse de mí y enviarme al menos un pajarito para que cantara allí, enfrente de mí, sobre el borde del techo.

No sé si fue Dios misericordioso o el demonio quien me atendió; pero, casi al instante, pude oír cómo una voz se elevaba bajo mi ventana, no la de un pájaro, sino mucho mejor: la voz pura, fresca, aterciopelada, de una jovencita de quince años. Como presa de un sobresalto, levanté la cabeza y escuché con avidez la canción que entonaba. Era un aire lento y lánguido, una especie de arrullo triste y dolorido; he aquí las palabras:

Es en la calle del Mazo donde me han trincado, maluró,
los tres pasmas de turno, malurín malureta,
con las manos en la masa, malurín maluró.

No sabría explicar cuán amargo fue mi desengaño. La voz continuó:

Con las manos en la masa, maluró.
Me han puesto los gritos, malurín malureta,
se ha descolgado el Gran Jefe, malurín maluró.
En la nevera encuentro, malurín malureta,
un ratero del barrio, malurín maluró.
Un ratero del barrio, maluró.
Ve a decirle a mi costilla, malurín malureta,
que me han enchironado, malurín maluró;
la costilla enfurecida, malurín malureta,
me dice: «¿Qué te has afanado?», malurín maluró.
Me dice: «¿Qué te has afanado?», maluró.
Me he cepillado a un tío,
malurín malureta,
toda la pasta le he birlado, malurín maluró,
la pasta y el reloj, malurín malureta,
y los gemelos de oro, malurín maluró.
Y los gemelos de oro, maluró.
La costilla va a Versalles, malurín malureta,
al pie de su Majestad, malurín maluró,

y le suelta una charla, malurín malureta,
para sacarme de aquí, malurín maluró.
Para sacarme de aquí, maluró.
¡Ah! Si de aquí me saca, malurín malureta,
a la costilla volveré, malurín maluró,
haré que le lleven vestidos, malurín malureta,
y zapatos de piel, malurín maluró.
Y zapatos de piel, maluró.
Pero el gran tío se pone furioso, malurín malureta.
Dice: «Por mi coronilla, malurín maluró,
le haré bailar el baile, malurín malureta,
donde no hay tablado, malurín maluró».

No oí más ni hubiera podido hacerlo. El sentido de aquella horrible queja, entendido a medias y a medias oculto; esa lucha del pillo contra la patrulla; ese ladrón que el pillo encuentra y que envía a su mujer; y ese mensaje espantoso: he asesinado a un hombre y estoy preso, «me he cepillado a un tío y me han enchironado»; esa mujer que corre hacia Versalles con una petición; y esa Majestad que, indignada, amenaza al culpable con hacerle bailar «el baile donde no hay tablado»; y todo ello cantado en la más dulce melodía y por la voz más dulce que jamás arrulló a oído humano… Me quedé afligido, paralizado, aniquilado. Era repugnante oír palabras tan monstruosas de esa boca fresca y colorada.

No podría explicar lo que sentí; las palabras me herían y, a la vez, me acariciaban. La jerga de la caverna y de las galeras, esa lengua ensangrentada y grotesca, ese argot repelente, aliado a una voz de muchacha, transición graciosa entre la voz de la niña y la de la mujer… ¡Aquellas palabras deformes y defectuosas, cantadas, acompasadas, perladas!

¡Ah! ¡Qué cosa tan infame es una prisión! Hay en ella un veneno que todo lo ensucia. Todo en ella se marchita, aun la canción de una muchacha de quince años. Si encuentras un pájaro, tendrá lodo sobre su ala; si recoges una flor, su perfume apestará.

XVII

¡Oh! Si pudiera escapar, ¡cómo correría por los campos! No, sería mejor no correr. Correr atrae miradas, sospechas.

Al contrario: caminar lentamente, la cabeza en alto, cantando. Tratar de llevar un viejo blusón azul con dibujos rojos. Eso disimula bastante bien. Es lo que llevan los campesinos de los alrededores.

Conozco cerca de Arcueil un bosquecillo junto a un pantano; solía ir allí todos los jueves a pescar ranas con mis compañeros del colegio. Es allí donde me escondería hasta la noche.

Una vez hubiera oscurecido, emprendería el viaje. Iría a Vincennes. No, el río me lo impediría. Iría a Arpajon… Más valdría tomar por el camino de Saint-Germain, ir al Havre, embarcarme hacia Inglaterra… ¡Qué más da! Llego a Longjumeau. Un gendarme pasa; me pide mi pasaporte… ¡Estoy perdido!

¡Ah! ¡Infeliz soñador, comienza por romper el muro de tres pies de espesura que te encierra! ¡La muerte! ¡La muerte!

¡Cuando pienso que, de niño, vine a Bicêtre para ver los pozos y los locos!

Mientras escribía todo esto, mi lámpara ha palidecido, ha llegado el día, el reloj de la capilla ha anunciado las seis.

¿Qué significa esto? El carcelero de guardia acaba de entrar en mi calabozo, se ha quitado la gorra, me ha saludado, se ha disculpado por molestarme, y me ha preguntado, suavizando en lo posible el tono rudo de su voz, qué desearía desayunar.

Me ha embargado un escalofrío. ¿Acaso habrá llegado el día?

¡El día ha llegado!

El director de la prisión en persona acaba de visitarme. Me ha preguntado cómo podría atenderme o servirme; ha expresado el deseo de que no tenga yo quejas acerca de él o sus subordinados; se ha informado con interés sobre mi salud y la manera en que pasé la noche; ¡al despedirse, me ha llamado «señor»!

¡El día ha llegado!

No cree posible, este carcelero, que tenga yo quejas acerca de él y de sus subalternos. Tiene razón. No estaría bien que me quejase;

esta gente ha hecho su trabajo: me han vigilado, y han sido corteses a mi llegada y a mi partida. ¿No debo estar contento?

Este amable carcelero, con su sonrisa benigna, sus palabras cariñosas, su mirada que halaga y espía, sus manos grandes y gruesas, es la prisión encarnada; es Bicêtre hecho hombre.

A mi alrededor, todo es prisión; veo la prisión bajo todas las formas, bajo la forma humana igual que bajo la forma de la puerta o del cerrojo. Esta pared es la prisión en piedra; esta puerta es la prisión en madera; estos carceleros son la prisión en carne y hueso.

La prisión es una especie de ser horrible y entero, indivisible, mitad hombre, mitad edificio. Soy su presa; ella me cobija, me abraza con todos sus pliegues. Me encierra en sus murallas de granito, me encadena bajo sus cerraduras de hierro, me vigila con sus ojos de carcelero.

¡Ah, miserable! ¿Qué será de mí? ¿Qué harán conmigo?

Ahora estoy tranquilo. Todo ha terminado, y terminado bien. He salido de la ansiedad horrible en la cual me había sumido la visita del director. Lo confieso: aún tenía esperanzas. Ahora, gracias a Dios, ya no las tengo.

He aquí lo que acaba de suceder:

En el instante en que sonaban las seis y media —no, eran las siete menos cuarto—, la puerta de mi calabozo se ha abierto de nuevo. Ha entrado un viejo de pelo cano, vestido con un redingote oscuro. Se ha abierto a medias el redingote. He visto una sotana, un collarín. Era un sacerdote.

Este sacerdote no era el capellán de la prisión. Todo era siniestro.

Se ha sentado frente a mí con una sonrisa benévola; enseguida ha sacudido la cabeza y ha levantado los ojos al cielo, es decir, a la bóveda del calabozo. Entonces lo he comprendido.

—Hijo mío —me ha dicho—, ¿estás preparado?

Le he contestado con voz débil:

—No estoy preparado, pero estoy listo.

Sin embargo, se me ha nublado la vista; un sudor frío ha brotado de todos mis miembros a la vez; he sentido que se me hinchaban las sienes, y un zumbido ha llenado mis oídos.

Mientras vacilaba en mi silla, como adormecido, el amable viejo seguía hablando. Eso es, al menos, lo que me parecía, y creo recordar que he visto sus labios moverse, sus manos agitarse, relucir sus ojos.

La puerta se ha abierto una segunda vez. El ruido de las cerraduras me ha arrancado a mí de mi estupor, y a él de su discurso. Una especie de señor en traje negro, acompañado por el director de la prisión, se ha presentado y me ha saludado solemnemente. Tenía sobre su rostro algo de la tristeza oficial de los empleados de pompas fúnebres. Llevaba un rollo de papel en la mano.

—Señor —me ha dicho con una sonrisa de cortesía—, soy ujier de la corte real de París. Tengo el honor de traerle un mensaje de parte del señor procurador general.

La primera sacudida había pasado. Enseguida he recuperado mi presencia de ánimo.

—¿Fue el señor procurador general quien pidió de forma tan instantánea mi cabeza? Qué gran honor me hace al escribirme. Espero que mi muerte sea de su gusto, pues sería duro para mí pensar que la haya solicitado con tanto fervor y que luego le sea indiferente.

Todo eso le he dicho, y he continuado con voz firme:

—¡Lea, señor!

Se ha puesto a leer un texto largo, cantando al final de cada línea y dudando a la mitad de cada palabra. Era el rechazo de mi apelación.

—La condena será ejecutada hoy en la plaza de la Grève —ha añadido después de terminar, sin levantar los ojos de su papel sellado—. Partiremos exactamente a las siete y media hacia la Conserjería. Mi estimado señor, ¿tendría usted la amabilidad de seguirme?

Yo había dejado de escucharlo instantes antes. El director charlaba con el sacerdote; él seguía con la mirada fija sobre el papel; yo miraba la puerta, que se había quedado entreabierta... ¡Ah, miseria! ¡Cuatro fusileros en el corredor!

El ujier ha repetido la pregunta, esta vez mirándome.

—Cuando usted quiera —le he contestado—. ¡Como guste!

Se ha despedido diciendo:

—Tendré el honor de venir a buscarlo dentro de media hora.

Entonces me han dejado solo.

¡Una forma de huir, Dios mío! ¡Una forma cualquiera! ¡Es preciso que me evada! ¡Lo es! ¡De inmediato! ¡Por las puertas, por las ventanas, por el armazón del techo! ¡Dejar, por lo menos, algo de mi carne entre las vigas!

¡Oh, furia! ¡Demonios! ¡Maldición! ¡Necesitaría meses para atravesar este muro con las herramientas adecuadas, y no tengo ni un punzón, ni una hora!

XVIII

En la Conserjería

Heme aquí, «transferido», como dice el acta. Pero merece la pena contar el viaje.

Sonaban las siete y media cuando el ujier se ha presentado de nuevo en mi calabozo.

—Señor —me ha dicho—, le estoy esperando.

¡Ay! ¡No es el único!

Me he levantado, he dado un paso; me ha parecido que no podría dar otro, de tanto que me pesaba la cabeza, tan débiles como estaban mis piernas. Sin embargo, me he repuesto y, con aire firme, he continuado.

Antes de salir del calabozo, he echado una última mirada alrededor —me había encariñado con mi calabozo—. Además, lo he dejado vacío y abierto, lo cual da a un calabozo un aspecto singular.

De otro lado, no será por mucho tiempo. Esperamos a alguien para esta noche, dijeron los llaveros: un condenado que la sala de lo criminal está juzgando en estos mismos instantes.

A la vuelta del corredor, nos ha alcanzado el capellán. Acababa de desayunar.

Al salir de la cárcel, el director me ha cogido la mano afectuosamente, y ha reforzado mi escolta de cuatro veteranos.

Frente a la puerta de la enfermería, un viejo moribundo me ha gritado:

«¡Hasta luego!».

Enseguida hemos llegado al patio. He respirado; eso me ha sentado bien.

No ha sido mucho lo que hemos caminado al aire libre. Un carruaje enganchado a unos caballos de posta estaba estacionado en el primer patio; era el mismo carruaje que me había traído: una especie de cabriolé oblongo dividido en dos secciones por una reja transversal de alambre de hierro tan espesa que parecía un tejido de punto. Cada una de las dos secciones tiene una puerta, una delante, la otra detrás de la carreta. El conjunto es tan sucio, tan negro, tan polvoriento, que el coche fúnebre de los pobres, comparado con él, parece una carroza de coronación.

Antes de enterrarme en aquella tumba de dos ruedas, he echado una última mirada al patio, una de esas miradas de desesperación frente a las cuales parece que los muros deberían desmoronarse. El patio, esa especie de pequeña plaza adornada de árboles, estaba más atestado de espectadores que para los galeotes.

¡Vaya una multitud!

Igual que el día en que partió la cadena, caía una lluvia de temporada, una lluvia helada y fina que sigue cayendo ahora, mientras escribo; una lluvia que sin duda caerá todo el día, que durará más que yo mismo.

Los caminos se habían hundido; el patio estaba lleno de agua y de fango. Me ha agradado ver a la multitud metida en el barro.

El ujier y un gendarme se han montado en el compartimiento delantero; el sacerdote, un gendarme y yo, en el otro. Cuatro gendarmes a caballo alrededor del carruaje. Así, sin contar al postillón, había ocho hombres para uno solo.

Mientras subía al carruaje, he visto a una vieja de ojos grises que decía:

—Esto me gusta aún más que la cadena.

Lo comprendo muy bien. Es un espectáculo que puede abarcarse más fácilmente de una mirada, se le ve más pronto. Es tan bello como el otro, y más cómodo. No hay distracciones. Sólo hay un hombre, y, sobre este hombre, tanta miseria como sobre todos los galeotes a la vez. Simplemente, hay menos dispersión; se trata de un licor concentrado, mucho más sabroso.

El carruaje se ha sacudido. Ha soltado un ruido sordo al pasar bajo la bóveda de la puerta grande, después ha desembocado en la avenida, y las pesadas puertas de Bicêtre han vuelto a cerrarse tras él.

En mi estupor, yo sentía que me transportaban como un hombre caído en un letargo que no puede ni moverse ni gritar, pero comprende que lo entierran. Vagamente escuchaba la cadencia hiposa de los racimos de campanas colgados al cuello de los caballos de posta; el susurro de las ruedas herradas sobre el adoquinado o el choque con la carrocería al cambiar de carril; el galope sonoro de los gendarmes alrededor de la carroza; el látigo fatigoso del postillón. Todo aquello era como un torbellino que se apoderaba de mí.

A través de la reja de una mirilla abierta frente a mí, mis ojos se han fijado automáticamente en la inscripción grabada en letra gruesa encima de la puerta grande de Bicêtre:

HOSPICIO DE LA VEJEZ.

«Vaya —me he dicho—, parece que en ese lugar hay quienes llegan a viejos».

Y, como suele hacerse entre la vigilia y el sueño, mi espíritu entumecido de dolor le ha dado la vuelta a esta idea en todos los sentidos. De golpe, la carroza, pasando de la avenida a la carretera principal, ha cambiado el punto de vista del tragaluz. Las torres de Notre-Dame han quedado entonces enmarcadas en él, azules y medio borrosas tras la bruma parisina. De inmediato ha cambiado también el punto de vista de mi ánimo. Me he transformado en una máquina como el carruaje. A la idea de Bicêtre sucedió la idea de Notre-Dame. Los que estén sobre la torre de la bandera tendrán buena vista, me he dicho con una sonrisa estúpida.

Creo que ha sido en ese momento cuando el sacerdote se ha puesto a hablarme. Pacientemente, lo he dejado hacer. En mi oído estaba ya el sonido de las ruedas, el galope de los caballos, el látigo del postillón. El suyo era apenas un ruido más.

Escuchaba en silencio aquella lluvia de monótonas palabras que adormilaban mi pensamiento como el murmullo de una fuente, y que pasaban frente a mí, siempre diversas y siempre las mismas, como los olmos torcidos de la carretera principal, cuando la voz breve y entrecortada del ujier, ubicada en el puesto delantero, ha venido súbitamente a sacudirme.

—Y bien, señor abate —decía con acento casi alegre—, ¿qué sabe usted de nuevo?

Era al sacerdote a quien se dirigía de esta manera. El capellán, que me hablaba sin descanso, ensordecido por el carruaje, no ha contestado.

—¡Eh! ¡Eh! —ha insistido el ujier, levantando la voz para imponerse al sonido de las ruedas—. ¡Endemoniado carruaje!

En efecto: ¡endemoniado! Enseguida ha dicho:

—Sin duda es cosa del traqueteo. No puede uno oír nada. ¿Qué estaba diciendo? ¡Hágame el favor de recordarme lo que estaba diciendo, señor abate! ¡Ah, sí! ¿Se ha enterado usted de la gran noticia de hoy en París?

Me he estremecido, como si estuviera hablando de mí.

—No —ha dicho el sacerdote, que por fin le había oído—. No he tenido tiempo de leer los periódicos esta mañana. Me enteraré esta noche. Cuando estoy ocupado durante todo el día, como es el caso ahora, le pido a mi portero que me guarde los periódicos, y los leo al volver a casa.

—¡Bah! —ha continuado el ujier—. Es imposible que no lo sepa usted. ¡La noticia de París! ¡La noticia de esta mañana!

He tomado la palabra:

—Yo creo saberla.

El ujier me ha mirado.

—¡Usted! ¡En serio! En ese caso, ¿qué opina usted?

—¡Qué curioso es usted! —le he dicho.

—¿Por qué, señor? —ha replicado el ujier—. Cada uno tiene sus opiniones políticas. Lo aprecio demasiado para creer que no pueda usted tener la suya. En lo que a mí respecta, estoy totalmente de acuerdo con el restablecimiento de la guardia nacional. Fui sargento de mi compañía, y a fe mía que era muy agradable.

Lo he interrumpido.

—No creí que se tratara de eso.

—¿Y de qué, entonces? Decía usted saber la noticia…

—Hablaba de otra, de la cual París se ocupa hoy también.

El imbécil no entendía; su curiosidad se había despertado.

—¿Otra noticia? ¿Dónde diablos ha podido usted enterarse de otra noticia? Por favor, señor, ¿cuál es? ¿Sabe usted de qué se trata, señor abate? ¿Está usted más al corriente que yo? Póngame al día, se lo ruego. ¿De qué se trata? Verá usted, me apasionan las noticias. Se las cuento al señor presidente, y eso le divierte.

Y otras mil pamplinas. El ujier se giraba alternativamente entre el sacerdote y yo; yo no respondía más que levantando los hombros.

—Y bien —me ha dicho—, ¿en qué está pensando?

—Pienso —le he contestado— que no pensaré más por esta noche.

—¡Ah! ¡Pues muy bien! —ha replicado.

Después, tras un silencio:

—Yo llevé al señor Papavoine; tenía puesta su gorra de nutria y fumaba su cigarro. En cuanto a los jóvenes de La Rochelle, sólo hablaban entre ellos. Pero hablaban.

Ha hecho una pausa más, y enseguida ha continuado:

—¡Locos! ¡Entusiastas! Parecían despreciar al mundo entero. En lo que a usted respecta, joven, lo encuentro verdaderamente pensativo.

—¡Joven! —le he dicho—. Soy más viejo que usted; cada cuarto de hora que pasa me envejece un año.

Se ha girado, me ha observado unos minutos con necia sorpresa, y enseguida se ha puesto a reír con una risa socarrona y pesada.

—Vamos, está usted de broma. ¡Más viejo que yo! Yo podría ser su abuelo.

—No bromeo —le he contestado con gravedad.

El ujier ha abierto su tabaquera.

—Tenga, mi querido señor, no se enoje usted; tome un poco de tabaco y no me guarde rencor.

—No tenga miedo. No se lo guardaré por mucho tiempo.

En este momento, la tabaquera que el ujier me tendía ha chocado contra la reja que nos separaba. Un hueco la ha hecho estrellarse violentamente, y ha caído abierta bajo los pies del gendarme.

—¡Maldita reja! —ha gritado el ujier.

Se ha vuelto hacia mí:

—Pues bien, ¿no es esto una desgracia? ¡He perdido todo mi tabaco!

—Yo pierdo más que usted —le he contestado sonriendo.

El ujier ha tratado de recoger su tabaco, rumiando entre dientes:

—¡Más que yo! Es fácil decirlo. ¡Sin tabaco hasta París! ¡Es terrible!

El capellán le ha dirigido entonces algunas palabras de consuelo, y no sé si eran prejuicios míos, pero me ha parecido que eran la continuación del discurso que me había correspondido a mí al principio. Poco a poco el sacerdote y el ujier han trabado conversación; los he dejado hablar por su lado, y yo, por el mío, me he puesto a pensar.

Al llegar a la barrera, sin duda por mis persistentes prejuicios, me ha parecido que en París había más ruido que de costumbre.

El carruaje se ha detenido un momento delante de la Oficina de Arbitrios. Los aduaneros lo han inspeccionado. Si se hubiera tratado de un cordero o un buey que llevásemos a la carnicería, habría sido necesario dejar una bolsa de dinero; pero una cabeza humana no paga impuesto alguno. Nos han dejado pasar.

Franqueado el bulevar, la carroza avanzaba al trote por las viejas calles tortuosas del suburbio de Saint-Marceau y de la Cité, las cuales serpentean y se entrecortan como los mil caminos de un hormiguero. Sobre el adoquinado de estas calles estrechas, el rodar del carruaje se ha hecho tan ruidoso y tan veloz que ya no podía oír nada del ruido exterior.

Cuando echaba una mirada por el pequeño tragaluz cuadrado, me parecía que la ola de caminantes se detenía para observar el carruaje, y que pandillas de niños corrían tras su estela. Me ha parecido también ver de vez en cuando, en este cruce o en aquél, a un hombre o una vieja en harapos, a veces los dos al mismo tiempo; tenían en la mano un atado de hojas impresas que los caminantes se disputaban abriendo la boca como para lanzar un grito.

Sonaban las ocho y media en el reloj de París en el momento en que hemos llegado al patio de la Conserjería. La visión de esta inmensa escalera, de esta oscura capilla, de estas cárceles siniestras, me ha paralizado. Cuando el carruaje se ha detenido, he creído que los latidos de mi corazón se detendrían también.

He hecho acopio de fuerzas; la puerta se ha abierto con la rapidez de un relámpago; he saltado fuera del calabozo rodante, y he echado a andar a pasos agigantados bajo la bóveda y entre dos filas de soldados. A mi paso se había formado ya una multitud.

XIX

Mientras caminaba por las galerías públicas del Palacio de Justicia, me he sentido casi libre y a gusto; pero mi ánimo resuelto me ha abandonado tan pronto como se han abierto frente a mí esas puertas bajas, escaleras secretas, corredores interiores, largos corredores asfixiantes y sordos donde sólo entran quienes condenan o quienes son condenados.

El ujier me acompañaba todo el tiempo. El sacerdote me había dejado, y volvería en un par de horas: tenía cosas que hacer.

Me han conducido al despacho del director, en cuyas manos me ha dejado el ujier. Ha sido un intercambio. El director le ha rogado esperar un instante, anunciándole que tenía una «presa» que entregarle, y que debería conducirla de inmediato a Bicêtre en el viaje de vuelta del carruaje. Se trataba sin duda del condenado de hoy, el mismo que esta noche se acostará sobre el manojo de paja que yo no he tenido tiempo de gastar.

—Está bien —ha dicho el ujier al director—, esperaré un momento; viene bien, haremos las dos actas al mismo tiempo.

Mientras tanto, me han depositado en un pequeño despacho adjunto al del director. Allí me han dejado solo y bien encerrado.

No sé en qué pensaba, ni cuánto tiempo había pasado allí, cuando una carcajada violenta y brusca junto a mi oreja me ha arrancado de mi ensueño.

Estremecido, he mirado hacia arriba. Ya no me encontraba solo en la celda. Un hombre estaba conmigo, un hombre de unos treinta y cinco años y de estatura mediana; arrugado, encorvado, encanecido; de miembros rechonchos; de ojos grises y mirada bizca, y, sobre su rostro, una risa amarga; sucio, andrajoso, medio desnudo, repugnante a la vista.

Parecía que la puerta se hubiese abierto, lo hubiese vomitado y se hubiese cerrado sin que yo me percatara. ¡Si la muerte pudiera venir así!

Nos hemos mirado fijamente unos segundos, este hombre y yo; él, prolongando esa risa parecida a un estertor; yo, medio sorprendido, medio asustado.

—¿Quién es usted? —le he dicho al fin.

—¡Qué pregunta! —ha contestado—. Soy un pinta.

—¡Un pinta! ¿Y qué quiere decir eso?

—Eso quiere decir —ha exclamado entre carcajadas— que el chirona jugará a la canasta con mi sorbona dentro de seis meses, igual que hará con tu tronco dentro de seis horas. ¡Ja! Parece que ahora sí me entiendes.

En efecto, me he quedado pálido y se me han puesto los pelos de punta. Era el otro condenado, el condenado del día, aquel que ya esperaban en Bicêtre, mi heredero.

El hombre ha continuado:

—¿Y qué querías? Ésta es mi historia. Soy hijo de un buen ratero; es una lástima que Charlot se haya tomado el trabajo de retorcerle el pescuezo. Eso era cuando reinaba la potencia, por la gracia de Dios. A los seis años ya no tenía padre ni madre; en verano hacía malabares en el polvo al borde de los caminos para que me tirasen una moneda entre las cortinas de las sillas de posta; en invierno, me iba descalzo por el barro, soplándome los dedos rojos; se me veían las piernas a través del pantalón.

A los nueve años comencé a servirme de mis cacillos; de vez en cuando vaciaba una matrona, me zumbaba un gabán; a los diez años, ya era un guindón. Después hice amigos; a los diecisiete, ya era un trollista. Forzaba una petaca, falseaba una vueltera. Me agarraron. Como ya tenía edad, me mandaron a remar en la marinita.

Las galeras son cosa dura: acostarse sobre una tabla, beber agua clara, comer pan negro, arrastrar unos hierros que no sirven para nada; golpes de bastón, golpes de sol. Y por si fuera poco, lo trasquilan a uno, ¡y yo que tenía una bella cabellera de color castaño! ¡Qué más da! Cumplí el tiempo que me tocaba.

¡Quince años vuelan! Tenía treinta y dos. Una bella mañana me dieron un salvoconducto y sesenta y seis francos que había acumulado a lo largo de mis quince años de galeras, trabajando dieciséis horas al día, treinta días al mes, doce meses al año.

Daba igual: quería convertirme en un hombre honrado con mis sesenta y seis francos, y tenía mejores sentimientos bajo mis harapos que los que hay bajo el delantal de un cuervo. Pero ¡condenado pasaporte! Era amarillo, y encima habían puesto «galeote liberado». Había que mostrarlo por donde pasara y presentarlo cada ocho días al alcalde del pueblo en el que me obligaban a echar nido. ¡Bonita recomendación! ¡Un galeote! Les daba miedo, los niños se largaban al verme, me cerraban las puertas. Nadie quería darme trabajo. Los sesenta y seis francos me los comí.

Después tuve que vivir. Mostraba mis brazos, buenos para el trabajo, y me cerraban las puertas. Me ofrecí para trabajar por jornales de quince cuartos, de diez, de cinco. Y nada. ¿Qué hacer?

Un día tenía hambre. Di un codazo en el escaparate de un panadero; le eché el guante a un pan y el panadero me echó el guante a mí; no me comí el pan, y, en cambio, me condenaron a galeras perpetuas, con tres letras de fuego en la espalda. Te las mostraré si quieres. A esta justicia la llaman «la reincidente». Así que caballo que vuelve…

Me devolvieron a Toulon; esta vez con los gorras verdes. Había que escapar. Para ello no tenía más que atravesar tres muros y cortar dos cadenas, y tenía un punzón. Me evadí. Dispararon el cañón de alerta; pues nosotros vamos como los cardenales de Roma, vestidos de rojo, y cuando nos marchamos, suenan los cañones. Gastaron pólvora en gallinazos. Y esta vez, nada de pasaporte amarillo, pero nada de dinero tampoco.

Conocí a unos camaradas que también habían hecho tiempo o que habían cortado los hilos. El baranda me propuso ser uno de los suyos; apiolaban en las trochas. Acepté, y me puse a matar para vivir. A veces era una diligencia, a veces una silla de posta, a veces un vendedor de bueyes a caballo. Tomábamos el dinero, soltábamos al azar el animal o el carruaje, y enterrábamos al hombre bajo un árbol, cuidando que no se le salieran los pies; y después bailábamos sobre la fosa para que la tierra no pareciera recién removida.

Así envejecí, acostándome en la maleza, durmiendo bajo las estrellas, acorralado de bosque en bosque; pero al menos libre y dueño de mí. Todo tiene un final, y da igual éste o el otro. Una bella noche, los cordoneros nos agarraron del cuello. Mis guripas se salvaron; pero yo, que era el más viejo, me quedé en las garras de esos gatos con sombreros galoneados. Aquí me trajeron. Ya había pasado por todos los escalones de la escala, salvo uno.

A partir de ahora, robar un pañuelo o matar a un hombre era lo mismo para mí; aún había una reincidente que aplicarme. Sólo me faltaba pasar por el de la guadaña. Fue cosa rápida. A fe mía que comenzaba ya a volverme viejo y a no servir para nada. Mi padre se casó con la viuda, y yo me retiro a la abadía del Monte de los Lamentos. Eso es todo, camarada.

Escuchándolo, me había quedado estupefacto. El hombre se ha puesto a reír con más fuerza todavía que al comenzar, y ha querido tomarme de la mano. Yo he retrocedido con horror.

—Amigo —me ha dicho—, no pareces muy valiente. No hagas el bragazas delante de la carlina. Mira, hay un momento difícil que uno tiene que pasar sobre la encartelada; pero ¡se va enseguida! Me gustaría estar allí para enseñarte la voltereta. ¡Por todos los dioses! Me dan ganas de no apelar si quieren pasarme por la guadaña hoy mismo, contigo. El mismo sacerdote nos servirá a los dos; no me importa quedarme con tus sobras. Ya ves que soy un buen muchacho. ¡Eh! Dime, ¿qué te parece? ¡Amistad!

Ha dado un paso más para acercarse a mí.

—Señor —le he contestado, rechazándolo—, se lo agradezco mucho.

Nuevas carcajadas ante mi respuesta.

—¡Ah! ¡Ah! ¡Señor, su majestad es marqués! ¡Un marqués!

Lo he interrumpido:

—Amigo mío, necesito un instante de recogimiento, déjeme usted.

La gravedad de mis palabras lo ha tornado súbitamente pensativo. Ha sacudido su cabeza gris y casi calva; después, rascándose con las uñas el pecho velludo que se ofrecía desnudo bajo la camisa abierta, ha respondido:

—Comprendo —ha murmurado entre dientes—; en realidad, el jabalí…

Después, tras algunos minutos de silencio:

—Mire usted —ha dicho casi con timidez—, es usted marqués, y eso está muy bien; pero ahí tiene un bello redingote que ya no le servirá de nada. El chirona se lo quedará. Démelo, lo venderé para comprar tabaco.

Me he quitado mi redingote y se lo he entregado. Se ha puesto a aplaudir con una alegría infantil. Entonces, viendo que yo me había quedado en camisa y que tiritaba, ha dicho:

—Tiene frío, señor, póngase esto; llueve; se mojará usted. Además, en la carreta hay que ir bien vestido.

Mientras lo decía se quitaba su grueso vestido de lana y me lo ponía en los brazos. Lo he dejado hacer.

Entonces he ido a apoyarme contra el muro; no sabría explicar el efecto que me causaba este hombre. Se había puesto a examinar el redingote que le había dado, y lanzaba a cada instante gritos de alegría.

—¡Los bolsillos están nuevos! ¡El cuello no está gastado! Me darán al menos quince francos. ¡Qué felicidad! ¡Tabaco para mis seis semanas!

La puerta ha vuelto a abrirse. Venían a buscarnos a ambos; a mí, para conducirme a la habitación en la cual el condenado espera su hora; a él, para llevarlo a Bicêtre. Riendo, el hombre se ha puesto en medio del piquete que debía acompañarlo, y decía a los gendarmes:

—Eso sí, ¡no se equivoquen! El señor y yo hemos cambiado de forro, pero no me tomen por él. ¡Diablos! ¡No me gustaría nada ahora que tengo con qué comprar tabaco!

Ese viejo malvado se ha llevado mi redingote, pues no he sido yo quien se lo ha dado, y a cambio me ha dejado este harapo, su chaqueta infame. ¿Quién pensarán que soy?

No ha sido por descuido o caridad que le he dejado llevarse mi redingote. No; ha sido porque él era más fuerte que yo. Si me hubiera negado, el hombre me habría golpeado con sus grandes puños.

¡Ah, caridad! ¡Cómo no! Me sentía lleno de malos sentimientos. Hubiera querido poder estrangularlo con las manos, ¡viejo ladrón!, ¡aplastarlo con los pies!

Siento el corazón lleno de furia y de amargura. Creo que la bolsa de hiel se me ha reventado. La muerte nos vuelve malvados.

XX

Me han traído a una celda donde no hay más que las cuatro paredes, con muchos barrotes en la ventana y, ni que decir tiene, muchas cerraduras en la puerta.

He pedido una mesa, una silla y útiles para escribir. Me lo han traído todo.

Después he pedido una cama. El carcelero me ha mirado con esa mirada sorprendida que quiere decir: «¿De qué te sirve ya?».

Y sin embargo, han armado un catre de tijera en la esquina.

Pero al mismo tiempo un gendarme ha venido a instalarse en lo que llaman «mi recámara».

¿Acaso tienen miedo de que me ahorque con el colchón?

XXI

Son las diez.

¡Pobre hijita mía! Seis horas más y estaré muerto. Seré algo repugnante que dará tumbos sobre la mesa fría de los anfiteatros; una cabeza que molerán de un lado, un tronco que disecarán del otro; con lo que quede después llenarán un ataúd y lo enviarán a Clamart.

Eso es lo que harán con tu padre estos hombres, que no me odian, que me compadecen todos y podrían salvarme. Me van a matar. ¿Lo comprendes, Marie? ¡Me matarán a sangre fría, en una ceremonia, por el bien de todos! ¡Ah, Dios mío!

¡Pobre pequeña! ¡Tu padre que tanto te quería, tu padre que besaba tu cuello blanco y perfumado, que sin cesar pasaba la mano por los bucles de tu pelo como si fueran de seda, que tomaba en sus manos tu bella carita redonda, que te hacía saltar sobre sus rodillas, y en la noche unía tus manos pequeñas para rezarle a Dios!

¿Quién te hará todo eso en adelante? ¿Quién te querrá? Todos los niños de tu edad tendrán un padre, excepto tú. ¿Cómo te acostumbrarás a prescindir, mi niña, del día de Año Nuevo, de los estrenos, de los bellos juguetes, de los dulces y los besos? ¿Cómo te acostumbrarás a prescindir, huérfana desgraciada, de beber y de comer?

¡Oh! ¡Si al menos hubieran visto los jurados a mi bella, mi pequeña Marie! Habrían comprendido que no hay que matar al padre de una niña de tres años.

Y cuando sea mayor, si llega a serlo, ¿en qué se convertirá? Su padre será uno de los recuerdos del pueblo de París. Se avergonzará de mí y de mi nombre; será despreciada, rechazada, será vil por culpa mía, yo que la quiero con toda la ternura y con todo el corazón. ¡Oh, Marie adorada! ¿En verdad sentirás vergüenza y horror de mí?

¡Miserable! ¡Qué crimen cometí, y qué crimen hago cometer a la sociedad!

¡Oh! ¿Seré yo en verdad? Ese ruido sordo de gritos que oigo venir de fuera, esas oleadas de gente alegre que caminan con prisa hacia los muelles, esos gendarmes que se preparan en sus cuarteles, ese sacerdote con hábito negro, ese otro hombre de manos rojas, ¡existen por mí! ¡Soy yo quien va a morir! Yo, el mismo que está aquí, que vive, que se mueve, que respira, que está sentado frente a esta mesa, la cual se parece a otra mesa, y podría por tanto estar en otra parte; ¡yo, en fin, este yo que toco y siento, y cuyo vestido forma los pliegues que aquí veo!

¡Si cuando menos supiera cómo ocurre todo, de qué manera muere uno allá arriba! Pero es horrible: no lo sé.

El nombre de aquella cosa es espantoso, y no comprendo cómo he podido hasta ahora escribirlo y pronunciarlo.

La combinación de estas diez letras, su aspecto, su fisonomía, está hecha para despertar ideas terribles, y el malhadado médico que la inventó tenía un nombre predestinado.

La imagen que asocio con esta repugnante palabra es vaga, indeterminada, y por ello tanto más siniestra. Cada sílaba es como una pieza de la máquina. En mi imaginación, construyo y demuelo sin cesar este monstruoso andamiaje.

No me atrevo a hacer preguntas sobre este asunto, pero es horrible no saber cómo será, ni cómo afrontarlo. Parece que hay una báscula y que a uno lo acuestan boca abajo… ¡Ah!

¡Mis cabellos se pondrán blancos antes de que caiga mi cabeza!

XXII

Sin embargo, ya la he vislumbrado una vez.

Pasaba por la plaza de la Grève, en coche, un día hacia las once de la mañana. De repente, el coche se detuvo.

Había una multitud en la plaza. Saqué la cabeza por la portezuela. El populacho llenaba la Grève y el muelle, y mujeres, hombres y niños estaban de pie sobre el parapeto. Sobre las cabezas se veía una especie de estrado de madera roja que tres hombres levantaban.

Un condenado iba a ser ejecutado ese mismo día, y estaban construyendo la máquina.

Me di la vuelta antes de verlo. Junto al coche había una mujer que le decía a un niño:

—¡Mira, mira! La cuchilla no corta bien, van a engrasar la ranura con un trozo de vela.

Eso es probablemente lo que hacen ahora mismo. Acaban de sonar las once. Sin duda están engrasando la ranura.

¡Ah! Esta vez, infeliz, no me daré la vuelta.

¡Oh, el indulto, el indulto! Quizá me concedan el indulto. El rey no tiene nada que reprocharme. ¡Que vayan a buscar a mi abogado! ¡Rápido, el abogado!

Acepto con gusto las galeras. Cinco años de galeras, y en paz…, o veinte años, o a perpetuidad con el hierro rojo. Pero ¡que me concedan la gracia de la vida!

Un galeote, al menos, camina; viene y va, puede ver el sol.

El sacerdote ha vuelto.

Tiene cabellos blancos, aspecto amable, una figura buena y respetable; es, en efecto, un hombre excelente y caritativo. Esta mañana lo he visto vaciar su bolsa sobre las manos de los prisioneros. ¿Cómo es que en su voz no hay nada que conmueva ni que parezca conmovido? ¿Cómo es que no me ha dicho nada todavía que me afecte la inteligencia o el corazón?

Esta mañana, yo estaba perdido. Apenas he alcanzado a escuchar lo que me decía. Sin embargo, sus palabras me han parecido inútiles, y me han dejado indiferente; me han resbalado como esta lluvia fría sobre el vidrio escarchado.

Y sin embargo, cuando, hace un rato, ha entrado y se ha acercado a mí, el solo hecho de verlo me ha sentado bien. Entre todos estos hombres, me dije, es el único que sigue siendo un hombre para mí. Y he sentido una sed intensa de palabras buenas y consoladoras.

Nos hemos sentado, él en la silla, yo en la cama. Me ha dicho:

—Hijo mío…

Esta palabra me ha abierto el corazón. Enseguida, él ha dicho:

—Hijo mío, ¿crees en Dios?

—Sí, padre —le he respondido.

—¿Crees en la Santa Iglesia Católica, Apostólica y Romana?

—De buen grado —le he dicho.

—Hijo mío —ha continuado—, parece que tienes dudas.

Entonces se ha puesto a hablar. Ha hablado un buen rato; ha dicho muchas palabras; después, cuando ha dado por finalizado su discurso, se ha levantado y me ha mirado por primera vez, interrogándome:

—¿Y bien?

En son de protesta, le he dicho que lo había escuchado con avidez primero, después con atención, después con devoción.

Yo también me he levantado.

—Señor —le he dicho—, le ruego que me deje solo.

Me ha preguntado:

—¿Cuándo he de volver?

—Se lo haré saber.

Entonces ha salido, sin cólera, pero negando con la cabeza, como diciéndose a sí mismo: «¡Un impío!».

No: por más bajo que haya caído, no soy un impío, y Dios es testigo de mi fe en él. Pero ¿qué me ha dicho este viejo? Nada sentido, nada enternecedor, nada que le saliera del alma, nada que viniese de su corazón para entrar en el mío, nada que viajase entre él y yo. Al contrario, no sé qué cosas vagas, átonas, aplicables a todo y a todos; enfático donde hubiese debido ser profundo, llano donde hubiese debido ser simple; una especie de sermón sentimental y elegía teológica.

Aquí y allá, una cita latina. San Agustín, san Gregorio, ¿qué sé yo? Además parecía que recitara una lección ya recitada veinte veces, que repasara un tema inutilizado en su memoria a fuerza de conocerlo. Ni una mirada a los ojos, ni un acento en la voz, ni un gesto de las manos.

Y ¿cómo podría ocurrir de otra forma? Este sacerdote es el capellán titular de la prisión. Su misión es consolar y exhortar, y de eso vive. Es a los galeotes y a los condenados a muerte a quienes incumbe su elocuencia. Él los confiesa y los asiste porque tiene que cumplir con su trabajo. Ha envejecido llevando a los hombres a la muerte. Desde hace mucho tiempo se ha acostumbrado a lo que estremece a los demás; su pelo, empolvado de blanco, ya no se pone de punta; las galeras y el cadalso son para él cosas cotidianas. Está hastiado. Probablemente tenga su cuaderno: en tal página, los galeotes; en tal página, los condenados a muerte. La víspera le advierten que habrá que consolar a alguien al día siguiente; pregunta de qué se trata, ¿galeote o condenado?, relee la página correspondiente; y entonces viene. De esta manera sucede que los que van a Toulon y los que van a la Grève son para él un lugar común, y él es un lugar común para ellos.

¡Oh! Que me vayan a buscar, a cambio de esto, un vicario joven o un sacerdote viejo, al azar, en la primera parroquia que aparezca; que lo sorprendan frente al fuego, leyendo su libro y totalmente desprevenido, y que le digan:

—Hay un hombre que va a morir, tiene que ser usted quien lo consuele. Tiene usted que estar allí cuando le aten las manos, cuando le corten el pelo; tiene usted que subirse en su carreta con su crucifijo para ocultarle al verdugo; tiene usted que sentir junto a él el traqueteo del camino hasta la Grève; tiene usted que atravesar con él la horrible multitud sedienta de sangre; tiene usted que abrazarlo al pie del cadalso, y quedarse hasta que la cabeza esté aquí y el cuerpo más allá.

Que me lo traigan, entonces, palpitante y tembloroso de la cabeza a los pies; que me arrojen entre sus brazos, a sus rodillas; y llorará, y lloraremos, y será elocuente, y me consolará, y mi corazón se desinflará en el suyo, y tomará mi alma y yo tomaré su Dios.

Pero ¿qué significa este buen hombre para mí? ¿Qué soy yo para él? Un individuo de la especie desgraciada, una sombra como tantas que ha visto ya, un número que añadir a la cifra de las ejecuciones.

Quizá me equivoque al rechazarlo así; él es el bueno y yo soy el malo. Por desgracia, eso no es culpa mía. Es mi aliento de condenado el que lo arruina y lo marchita todo.

Acaban de traerme algo para comer; han pensado que debía necesitarlo. Una comida delicada y fina, un pollo, me parece, e incluso algo más. Pues bien, he intentado comer; pero al primer bocado, todo se me ha caído de la boca, tan amargo y fétido me ha parecido.

Acaba de entrar un señor con su sombrero bien puesto sobre la cabeza que apenas si me ha mirado, y enseguida ha abierto una cinta medidora y se ha puesto a medir de abajo arriba las piedras de la pared, hablando en voz muy alta para de vez en cuando decir: «Eso es»; y de vez en cuando: «No, eso no».

Le he preguntado al gendarme quién era el hombre. Parece que es una especie de subarquitecto que trabaja en la prisión.

A él, por su lado, se le ha despertado la curiosidad acerca de mí. Ha intercambiado algunas medias palabras con el llavero que lo acompañaba; después, ha clavado un instante sus ojos en mí, ha sacudido la cabeza con aire despreocupado, y ha vuelto a ponerse a hablar en voz alta y a tomar medidas.

Terminada su tarea, se me ha acercado diciéndome con su voz estrepitosa:

—Mi buen amigo, en seis meses esta será una prisión mucho mejor.

Y su gesto parecía añadir: «Es una lástima que usted no vaya a disfrutarla».

Casi sonreía. He creído ver el momento en que se mofaría amablemente de mí, como bromea uno sobre la recién casada en la noche de bodas.

Mi vigilante, un viejo soldado con galones, se ha encargado de la respuesta.

—Señor —le ha dicho—, en la habitación de un muerto no se habla tan alto.

El arquitecto se ha marchado.

Y yo, yo estaba allí, como una de las piedras que el hombre medía.

XXIII

Después me ha sucedido algo ridículo.

Han venido a relevar al bueno de mi vigilante, al cual, ingrato egoísta que soy, ni tan siquiera le he estrechado la mano. Lo ha reemplazado otra persona: un hombre de frente deprimida, ojos de buey, cara inepta.

Por lo demás, no le he prestado la menor atención. Sentado frente a mi mesa, le daba la espalda a la puerta; intentaba refrescarme la frente con la mano, y los pensamientos me turbaban el espíritu.

Un golpe ligero sobre mi hombro me ha hecho girar la cabeza. Era el nuevo gendarme, con quien me encontraba solo.

He aquí de qué suerte, más o menos, me ha dirigido la palabra:

—Criminal, ¿tiene usted buen corazón?

—No —le he dicho.

Al parecer, la brusquedad de mi respuesta lo ha desconcertado. Sin embargo, ha continuado, vacilante:

—Nadie es malo por el gusto de serlo.

—¿Por qué no? —he replicado—. Si es para decirme esto, déjeme. ¿Adónde quiere llegar?

—Perdone usted —ha respondido—. Solo dos palabras. Se trata de esto: si pudiera usted hacer feliz a un pobre hombre, y no le costara nada, ¿lo haría usted?

He levantado los hombros.

—¿Acaso viene usted de Charenton? Ha escogido un terreno muy particular para cultivar la felicidad. ¡Yo, hacer feliz a alguien!

El hombre ha bajado la voz y ha tomado un aire misterioso, que no se adecuaba en absoluto a su cara de idiota.

—Sí, criminal: sí, felicidad; sí, fortuna. Todo eso me llegará de usted. Mire usted: soy un pobre gendarme. El servicio es pesado; mi caballo me pertenece y me está arruinando. Ahora bien, juego a la lotería para compensar. Alguna astucia se ha de tener. Hasta ahora, para ganar no me ha faltado más que tener un buen número. Por todas partes los busco que sean seguros; siempre fallo por muy poco. Pongo el setenta y seis; sale el setenta y siete. Por más que los alimente, no se me acercan…

(Un poco de paciencia, por favor, que ya termino).

Ahora bien, aquí hay una buena oportunidad para mí. Parece, perdón, criminal, que hoy es su turno. Es un hecho que los muertos que son suprimidos de esta forma son capaces de ver de antemano la lotería. Prométame venir mañana por la noche, ¿qué le cuesta?, a darme tres números, tres números buenos, ¿eh? Tranquilícese: no me dan miedo los espectros. Esta es mi dirección: Cuartel Popincourt, escalera A, n.º 26, al fondo del corredor. Me reconocerá, ¿verdad? Puede venir esta noche, si le va mejor.

Habría desdeñado responder a este imbécil si una loca esperanza no me hubiera atravesado el espíritu. En la posición desesperada en la que estoy, uno cree a veces que sería capaz de romper una cadena con un pelo.

—Escucha —le he dicho fingiendo tanto como está en disposición de hacerlo quien va a morir—, yo puedo, en efecto, volverte más rico que el rey, hacer que ganes millones. Con una condición.

Él abría unos ojos estúpidos.

—¿Cuál es? ¿Cuál es? Haré cuanto esté en mi mano para complacerlo, señor criminal.

—En lugar de tres números, te prometo cuatro. Cámbiate la ropa conmigo.

—¡Si no es más que eso! —ha exclamado al tiempo que deshacía los primeros broches de su uniforme.

Yo me había levantado de mi silla. Observaba todos sus movimientos, y el corazón me palpitaba. ¡Ya podía ver las puertas abrirse ante el uniforme de gendarme, y la plaza, y la calle, y el Palacio de Justicia tras de mí!

Pero el hombre se ha dado la vuelta con aire indeciso.

—¡Ah! ¿No será para salir de aquí?

He comprendido que todo estaba perdido. Sin embargo, he hecho un último esfuerzo, completamente inútil e insensato.

—Así es —le he dicho—, pero tu fortuna está asegurada…

Me ha interrumpido.

—¡No, no! ¡Nada de eso! Y ¿mis números? Para que sean buenos, tiene usted que estar muerto.

He vuelto a sentarme, mudo y más desesperado tras la esperanza que había tenido.

XXIV

He cerrado los ojos, me los he cubierto con las manos, y he tratado de olvidar, de olvidar el presente en el pasado. Mientras sueño, los recuerdos de mi infancia y mi juventud vuelven a mí, uno por uno, suaves, tranquilos, risueños, como islas de flores sobre este remolino de negros y confusos pensamientos que gira en mi cerebro.

Me veo de niño, colegial alborozado y fresco, jugando, corriendo, gritando con mis hermanos en la alameda verde de ese jardín salvaje donde transcurrieron mis primeros años, antiguo cercado de religiosos que domina, con su cabeza de plomo, la sombría cúpula del Val-de-Grâce.

Después, cuatro años más tarde, allí estoy de nuevo, niño aún, pero ya soñador y apasionado. Hay una jovencita en el jardín solitario.

La españolita, con sus grandes ojos y sus largos cabellos, su piel morena y dorada, sus labios rojos y sus mejillas rosadas, la andaluza de catorce años, Pepa.

Nuestras madres nos han dicho que vayamos juntos a correr: hemos venido a pasearnos.

Nos han dicho que vayamos a jugar, y hablamos; somos niños de la misma edad, pero no del mismo sexo.

Sin embargo, hace apenas un año corríamos, luchábamos juntos. Me disputaba con Pepita la manzana más bella del manzano; la golpeaba por un nido de pájaro. Ella lloraba; yo decía: «¡Te está bien empleado!». Y ambos íbamos a quejarnos a nuestras madres, que nos reñían en voz alta y nos daban la razón en voz baja.

Ahora ella se apoya en mi brazo, y me siento orgulloso y conmovido. Caminamos lentamente, hablamos en voz baja. Ella deja caer su pañuelo; yo se lo recojo. Nuestras manos tiemblan al tocarse. Ella me habla de los pajaritos, de la estrella que vemos a lo lejos, del ocaso rojo tras los árboles, o bien de sus amigos de pensión, de su vestido y de sus cintas. Decimos cosas inocentes y ambos nos ruborizamos. La pequeña se ha vuelto una jovencita.

Esa tarde —era una tarde de verano—, estábamos bajo los castaños, al fondo del jardín. Después de uno de esos largos silencios que llenaban nuestros paseos, se apartó de repente de mi brazo, y me dijo:

—¡Corramos!

Aún puedo verla: iba vestida de negro, de luto por su abuela. Una idea de niña le pasó por la cabeza, Pepa volvió a ser Pepita, y me dijo:

—¡Corramos!

Se puso a correr delante de mí con su talle fino como el corsé de una abeja y sus pies pequeños que le alzaban hasta media pierna el vestido. Yo la perseguía, ella escapaba; el viento de su carrera levantaba por momentos su esclavina negra y me dejaba ver su espalda morena y fresca.

Yo estaba extasiado. La alcancé cerca del viejo sumidero en ruinas; la tomé por la cintura, usando el derecho de la victoria, e hice que se sentara sobre un banco de hierba; ella no se resistió. Estaba sin aliento, y reía. Yo estaba serio; miraba sus negras pupilas a través de sus pestañas negras.

—Siéntese aquí —me dijo—. Todavía hay luz, leamos algo. ¿Lleva usted un libro?

Yo llevaba conmigo el segundo tomo de los Viajes de Spallanzani. Lo abrí al azar, me acerqué a ella, ella apoyó su hombro contra el mío, y nos pusimos a leer cada uno por su cuenta, en voz baja, la misma página. Antes de pasar a la siguiente, ella siempre tenía que esperarme. Mi inteligencia era menos rápida que la suya.

—¿Ha terminado? —me decía, y yo no había hecho sino comenzar.

Y mientras nuestras cabezas se tocaban y nuestras respiraciones se acercaban poco a poco, nuestras bocas se acercaron, de repente.

Cuando quisimos continuar con nuestra lectura, el cielo ya estaba estrellado.

—¡Oh, mamá, mamá! —dijo ella al volver a casa—. ¡Si supieras cuánto hemos corrido!

Yo guardaba silencio.

—No dices nada —me dijo mi madre—, pareces triste.

En mi corazón estaba el paraíso.

Es una tarde de la que me acordaré toda la vida.

¡Toda la vida!

Acaban de dar la hora. No sé cuál: oigo mal el martillo del reloj. Me parece tener un ruido de órgano en las orejas; es el zumbido de mis últimos pensamientos.

En este supremo instante en que me recojo dentro de mis recuerdos, veo con horror mi crimen; pero quisiera arrepentirme más todavía. Tenía más remordimientos antes de mi condena; desde entonces, parece que no hay espacio más que para mis pensamientos de muerte. Y, sin embargo, quisiera arrepentirme mucho más.

Cuando, después de soñar unos minutos con lo que hay de pasado en mi vida, regreso al hachazo que dentro de poco debe terminar con ella, me estremezco como ante una cosa nueva.

¡Mi bella infancia! ¡Mi bella juventud! Tela dorada de extremo ensangrentado. Entre el entonces y el ahora hay un río de sangre, la sangre del otro y la mía.

Si un día leen mi historia, después de tantos años de inocencia y de felicidad, no querrán creer en este año execrable que se abre con un crimen y se cierra con un suplicio; mi historia tendrá un aspecto desparejo.

Y sin embargo, leyes miserables, hombres miserables, ¡no he sido un hombre malvado!

¡Oh! ¡Morir en pocas horas, y pensar que hace un año, un día como hoy, era libre y puro, daba mis paseos de otoño, erraba bajo los árboles, caminaba sobre las hojas!

Hay en este mismo instante, muy cerca de mí, en estas casas que forman un círculo alrededor del Palacio de Justicia y de la Grève, y en París entero, hombres que van y vienen, conversan y ríen, leen el periódico, se ocupan de sus asuntos; comerciantes que venden; jovencitas que preparan sus vestidos de baile para esta noche; madres que juegan con sus hijos.

Recuerdo que un día, siendo niño, fui a ver la campana mayor de Notre-Dame.

Me sentía aturdido ya, tras subir la oscura escalera en caracol, tras haber recorrido la endeble galería que une las dos torres, tras haber tenido a París bajo mis pies, cuando entré en la caja de piedra y maderaje donde cuelga la campana con su badajo, que pesa un millar.

Avancé temblando sobre las tablas mal ajustadas, mirando a corta distancia aquella campana tan famosa entre los niños y el pueblo de París, y percatándome, no sin espanto, de que los tejadillos cubiertos de pizarras cuyos planos inclinados rodean el campanario estaban al nivel de mis pies. En los intervalos veía, a vuelo de pájaro, en cierto modo, la plaza de Notre-Dame, y los transeúntes como hormigas.

De repente, tañó la enorme campana; una vibración profunda removió el aire e hizo oscilar la pesada torre. El suelo saltaba sobre las vigas. El ruido estuvo a punto de derribarme; me tambaleé, a punto de caer, a punto de deslizarme sobre los tejadillos de pizarras inclinadas. Aterrorizado, me acosté sobre las tablas, me abracé fuertemente a ellas, sin palabras, sin aliento, con ese formidable tañido en mis oídos y ese precipicio bajo los ojos, esa plaza profunda donde se cruzaban tantos caminantes apacibles y envidiados.

Pues bien, me parece que estoy todavía en la torre de la campana mayor. Todo es a la vez un aturdimiento y un deslumbramiento. Hay como un ruido de campana que sacude las cavidades de mi cerebro; y a mi alrededor ya no puedo ver esa vida plana y tranquila que he dejado (y por la cual los demás hombres aún deambulan) más que de lejos y a través de las grietas de un abismo.

El ayuntamiento es un edificio siniestro.

Con su techo agudo y rígido, su pequeño campanario curioso, su gran reloj blanco, sus pisos de columnas cortas, sus mil ventanas, sus escaleras gastadas por los pasos, sus dos arcos a derecha e izquierda, se encuentra al mismo nivel que la Grève; sombrío, lúgubre, la fachada carcomida por la vejez, y tan negro que se ve negro a la luz del sol.

Los días de ejecución, vomita gendarmes por todas sus puertas, y observa al condenado con todas sus ventanas.

Y en la noche, el reloj, que ha marcado la hora, permanece luminoso sobre la fachada tenebrosa.

Es la una y cuarto.

Esto es lo que siento ahora: un violento dolor de cabeza.

Los riñones fríos, la frente hirviendo. Cada vez que me levanto o me inclino, me parece que hay un líquido en mi cerebro que golpea mis sesos contra las paredes del cráneo.

Tengo estremecimientos convulsivos, y de vez en cuando la pluma se me cae de las manos como por una sacudida galvánica.

Los ojos me escuecen como si me encontrara en medio del humo. Me duelen los codos.

Dos horas y cuarenta y cinco minutos más, y estaré curado.

Dicen que no es nada, que uno no sufre, que es un fin dulce, que la muerte, de esta forma, se simplifica mucho.

¡Eh! ¿Y qué significa entonces esta agonía de seis meses y el estertor de un día entero? ¿Qué significan las angustias de este día irreparable, que corre tan lento y tan veloz? ¿Qué significa esta escalera de torturas que desemboca en un cadalso?

Aparentemente, a eso no lo llaman sufrir.

¿Acaso no siento ahora el mismo estremecimiento que cuando la sangre se consume gota a gota o cuando la inteligencia se apaga pensamiento a pensamiento?

Y además, ¿cómo pueden estar seguros de que no se sufre? ¿Quién se lo ha dicho? ¿O es que quizá alguna vez han visto levantarse una cabeza cortada, bañada en sangre, que desde el borde del cesto haya gritado al pueblo: «¡Esto no duele!»?

¿Acaso algún guillotinado ha regresado, agradecido, asegurando: «Qué buen invento. Sigan adelante. La mecánica es magnífica»? ¿Robespierre? ¿Luis XVI?

¡Nada de eso! En menos de un minuto, en menos de un segundo, la cosa se termina. ¿Acaso se han puesto jamás, cuando menos de pensamiento, en el lugar de quien está allí, en el momento en que el pesado filo que cae muerde la piel, rompe los nervios, destroza las vértebras…? ¡Nada! ¡Medio segundo! El dolor es escamoteado… ¡Qué horror!

Es extraño que piense sin cesar en el rey. Por más que intente evitarlo, por más que sacuda la cabeza, hay una voz que me dice al oído:

—Hay en esta ciudad, a esta misma hora y no lejos de aquí, en otro palacio, un hombre que tiene también guardias en todas sus puertas, un hombre único entre el pueblo, como tú, con la diferencia de que este hombre está arriba del todo, mientras que tú estás abajo. Su vida entera, minuto a minuto, no es más que gloria, grandeza, delicias, embriaguez. Todo a su alrededor es amor, respeto, veneración. Las voces más altas se convierten en susurros para hablarle y las frentes más orgullosas se inclinan. Ante sus ojos, no hay más que oro y seda. A esta misma hora, celebra algún consejo de ministros en el cual todos son de su parecer, o bien piensa en la caza de mañana, en el baile de esta noche, seguro de que la fiesta llegará puntual y dejando a los demás el trabajo de sus placeres. Pues bien, este hombre es de carne y hueso, como tú. Y para que en este mismo instante se derrumbara el cadalso, para que todo te fuera devuelto, vida, libertad, fortuna, familia, bastaría con que ese hombre escribiese con esta pluma las siete letras de su nombre sobre un trozo de papel, o que su carroza se topara con tu carreta. ¡Y es un hombre bueno, y quizá no exigiría más, aunque nada de eso sucederá!

¡Pues bien! Tengamos coraje frente a la muerte, tomemos esta espantosa idea con ambas manos y mirémosla a la cara. Pidámosle cuentas de lo que es, sepamos lo que nos reclama, démosle la vuelta en todos los sentidos, deletreemos el enigma, y miremos de antemano nuestra tumba.

Me parece que, en cuanto se cierren mis ojos, veré una inmensa claridad y abismos de luz por los cuales mi espíritu rodará sin fin. Me parece que el cielo será luminoso por su propia esencia, que los astros serán en él manchas oscuras, y que en lugar de ser, como son para los ojos vivos, lentejuelas de oro sobre terciopelo negro, parecerán puntos negros sobre un telón dorado.

O acaso, miserable de mí, será un horrible abismo, profundo, con paredes tapizadas de tinieblas, por el cual caeré sin cesar mientras veo formas removerse en la sombra.

O bien me despertaré tras el golpe, y me encontraré quizá sobre una superficie plana y húmeda, arrastrándome en la oscuridad y girando sobre mí mismo como una cabeza que rueda. Me parece que habrá un viento fuerte que me estremecerá, y que me hará chocar aquí y allá contra otras cabezas rodantes. Habrá en ciertos lugares charcas y riachuelos de un líquido desconocido y tibio; todo estará oscuro. Cuando mis ojos, en su rotación, giren hacia arriba, no verán más que un cielo de sombras cuyas capas espesas pesarán sobre ellos, y lejos, al fondo, grandes arcos de humo más negros que las tinieblas. Verán también pequeños destellos rojos revolotear en la noche, los cuales, al acercarse, se transformarán en pájaros de fuego. Y así será por toda la eternidad.

Es también posible que en ciertas fechas los muertos de la Grève se reúnan sobre esta plaza que les pertenece. Será una multitud pálida y ensangrentada, y yo no faltaré. No habrá luna, y hablaremos en voz baja. El ayuntamiento estará allí, con su fachada carcomida, su techo desmenuzado, y su reloj que no habrá tenido piedad de nadie. Habrá sobre la plaza una guillotina del infierno con la que un demonio ejecutará a un verdugo; aquello será a las cuatro de la mañana. En cuanto a nosotros, esta vez seremos el público.

Es probable que así ocurra. Pero si esos muertos regresan, ¿bajo qué forma lo hacen? ¿Qué conservan de su cuerpo incompleto y mutilado? ¿Qué escogen? ¿Es la cabeza o el tronco el espectro?

¡Ay! ¿Qué hace la muerte con nuestra alma? ¿Qué naturaleza le deja? ¿Qué puede darle, qué puede quitarle? ¿Dónde la pone? ¿Le presta ojos de carne de vez en cuando, para mirar hacia la tierra y llorar?

¡Ah! ¡Un sacerdote! ¡Un sacerdote que lo sepa! ¡Quiero un sacerdote y un crucifijo para besarlo!

¡Dios mío, siempre lo mismo!

XXV

Le he pedido en mis rezos que me dejase dormir, y me he echado sobre mi cama.

En efecto, tenía un flujo de sangre en la cabeza que me ha hecho dormir. Es mi último descanso de esta clase.

He tenido un sueño.

He soñado que era de noche. Me parecía que estaba en mi despacho con dos o tres de mis amigos; no recuerdo cuáles.

Mi mujer estaba acostada en nuestra habitación, justo al lado, y dormía con su niña.

Mis amigos y yo hablábamos en voz baja, y lo que decíamos nos asustaba.

De repente, me pareció oír un ruido que venía de alguna de las otras estancias del piso. Un ruido débil, extraño, indeterminado.

Mis amigos también lo habían oído. Escuchamos: era como una cerradura que se abre lentamente, como un pestillo que alguien levanta sin hacer ruido.

Algo nos paralizaba: teníamos miedo. Pensábamos que quizá se tratara de ladrones que se habían introducido en mi casa a esa hora tan avanzada de la noche.

Resolvimos ir a echar un vistazo. Me levanté, cogí la vela.

Mis amigos me seguían, uno detrás del otro.

Atravesamos la habitación de al lado. Mi mujer dormía con su niña.

Enseguida llegamos al salón. Nada. Los retratos estaban in-móviles en sus marcos dorados y sobre la colgadura roja. Me pareció que la puerta que daba del salón al comedor no estaba en su posición habitual.

Entramos al comedor; lo cruzamos lentamente. Yo iba delante. La puerta de la escalera estaba bien cerrada, también las ventanas. Al llegar cerca de la estufa, vi que el ropero estaba abierto, y que la puerta de este armario estaba cubriendo la es- quina, como para esconderla.

Eso me sorprendió. Pensamos que había alguien detrás. Acerqué la mano a la puerta e intenté cerrarla; se resistió.

Asombrado, tiré con más fuerza, la puerta cedió bruscamente, y descubrimos a una viejecita, inmóvil, de pie, con las manos colgando y los ojos cerrados, y como adherida a la esquina.

Aquello tenía algo de espantoso, y los pelos se me pusieron de punta con tan sólo pensarlo.

Pregunté a la vieja:

—¿Qué hace usted ahí? Ella no respondió.

Le pregunté:

—¿Quién es usted?

Ella no respondió, no se movió, y permaneció con los ojos cerrados. Mis amigos dijeron:

—Seguramente es la cómplice de los que entraron con malas intenciones; habrán escapado al oírnos venir; ella no ha podido huir y se ha escondido aquí.

La he interrogado de nuevo, ella continuaba sin voz, sin movimiento, sin mirada.

Uno de nosotros la ha empujado, y la vieja ha caído.

Ha caído de una pieza, como un pedazo de madera, como algo muerto.

La hemos sacudido con el pie, y después dos de nosotros la hemos levantado y apoyado de nuevo contra la pared. Ella no ha dado ninguna señal de vida. Le hemos gritado al oído, y ella ha permanecido muda, como si estuviera sorda.

Mientras tanto, íbamos perdiendo la paciencia, y había algo de cólera en nuestro terror. Uno de ellos me ha dicho:

—Acérquele la vela a la barbilla.

Le he puesto la mecha encendida bajo la barbilla. Entonces, ella ha abierto un ojo a medias, un ojo vacío, apagado, horrible, que no miraba.

He retirado la llama y le he dicho:

—¡Ah, por fin! ¿Ahora vas a responder, vieja bruja? ¿Quién eres? El ojo se ha vuelto a cerrar como por sí solo.

—Una vez no basta —han dicho los otros—. ¡De nuevo la vela! ¡De nuevo!

Tendrá que hablar.

He vuelto a poner la vela bajo la barbilla de la vieja.

Entonces, ella ha abierto los dos ojos lentamente, nos ha mirado uno por uno, y enseguida, inclinándose bruscamente, ha apagado la vela con un soplo helado. En el mismo instante he sentido, en las tinieblas, tres dientes agudos clavándose en mi mano.

Me he despertado tembloroso y bañado en sudor frío.

El buen capellán estaba sentado al pie de mi cama, y me leía oraciones.

—¿He dormido mucho tiempo? —le he preguntado.

—Hijo mío —me ha dicho—, has dormido una hora. Te han traído a tu hija. Está en la estancia contigua, y te espera. No he querido que te despertasen.

—¡Oh! —he exclamado—. ¡Mi hija, que me traigan a mi hija!

¡Ella es fresca, sonrosada, tiene unos ojos grandes, es hermosa! Le han puesto un vestidito que le queda bien.

La he cogido, la he levantado en mis brazos, la he sentado sobre mis rodillas, he besado sus cabellos.

¿Por qué no ha venido con su madre? Su madre está enferma, también su abuela. Muy bien.

Me miraba con cara de asombro; yo la acariciaba, la abrazaba, la devoraba a besos, y ella me dejaba hacer pero echaba de vez en cuando dirigía una mirada inquieta a su ama, que lloraba en la esquina.

Por fin he podido hablar.

—¡Marie! —le he dicho—. ¡Mi pequeña Marie!

La he estrechado con violencia contra mi pecho inflamado de suspiros. Ella ha soltado un gritito.

—¡Oh! Me hace usted daño, señor —me ha dicho.

¡«Señor»! Va a cumplir un año sin haberme visto, la pobre niña. Me ha olvidado: rostro, voz, acento; además, ¿quién me reconocería con esta barba, estos andrajos, esta palidez? ¡Me han borrado ya de esta memoria, la única en la que me hubiese gustado vivir! ¡Ya no soy padre! Ser condenado a no escuchar jamás esa palabra, esa palabra de la lengua de los niños, tan dulce que no puede permanecer en la lengua de los hombres:

¡«Papá»!

Y sin embargo, oírla de esta boca una vez más, una tan sólo, eso es todo lo que hubiese pedido a cambio de los cuarenta años de vida que me quitan.

—Escucha, Marie —le he dicho juntando sus pequeñas ma- nos entre las mías—, ¿acaso no me reconoces?

Ella me ha mirado con sus ojos bellos y ha respondido:

—¡Pues no!

—Mírame bien —he repetido—. ¿No sabes quién soy?

—Sí —ha dicho—. Un señor.

¡Ay! ¡Amar con tanto ardor a un solo ser en el mundo, amarlo con todo el amor, tenerlo enfrente, que te vea y te observe, que te hable y te responda, y no te reconozca! ¡No querer más consolación que la suya, y que sólo él ignore cuánto lo necesitas porque vas a morir!

—Marie —he continuado—, ¿tienes un papá?

—Sí, señor —ha dicho la niña.

—Pues bien, ¿dónde está?

Ella ha levantado sus ojos grandes y asombrados.

—¿Acaso usted no lo sabe? Está muerto.

Después ha gritado; he estado a punto de dejarla caer.

—¡Muerto! —decía yo—. Marie, ¿sabes lo que es estar muerto?

—Sí, señor —ha respondido—. Él está en la tierra y en el cielo. Y enseguida:

—En las mañanas y en las noches, sobre las rodillas de mamá, ruego a Dios por él.

La he besado en la frente.

—Marie, dime tu oración.

—No puedo, señor. Las oraciones no se dicen durante el día. Venga esta noche a casa, se la diré entonces.

Eso era demasiado para mí. La he interrumpido:

—Marie, tu papá soy yo.

—¡Ah! —me ha dicho ella. He añadido:

—¿Quieres que sea tu papá? La niña se ha vuelto.

—No, mi papá era mucho más guapo.

La he cubierto de besos y de lágrimas. Ella ha intentado apartarse de mis brazos mientras gritaba:

—Me hace daño con su barba.

Entonces la he acomodado sobre mis rodillas, sin quitarle los ojos de encima, y después la he interrogado:

—Marie, ¿sabes leer?

—Sí —ha respondido—. Sé leer muy bien. Mamá me hace leer mis cartillas.

—Veamos, lee un poco —le he dicho mostrándole un papel que llevaba arrugado en una de sus manitas.

Ella ha negado con su bella cabecita.

—¡Ah! Sólo sé leer fábulas.

—Inténtalo de todas formas. Vamos, lee.

Ella ha extendido el papel y se ha puesto a deletrear con el dedo:

—Ese, e, ene, sen; te, e, ene, ten; ce, i, a… Sentencia…

Se lo he arrancado de las manos. Era mi sentencia de muerte lo que me leía. Su ama había conseguido el papel por un cuarto. A mí, en cambio, me resultaba mucho más caro.

No tengo palabras para describir lo que siento. Mi violencia la había asustado; Marie estaba a punto de llorar. De repente, me ha dicho:

—¡Devuélvame mi papel! Es para jugar… Se lo he de- vuelto a su ama.

—Llévesela.

Y de nuevo he caído sobre mi silla, vacío, melancólico, desesperado. Es ahora cuando deberían venir; ya nada me importa; se ha roto la última fibra de mi corazón. Estoy dispuesto para lo que van a hacerme.

El sacerdote es un buen hombre, también el gendarme. Creo que han derramado una lágrima cuando he dicho que se lleva- sen a mi niña.

Ya está. Ahora es preciso que me endurezca, que piense con fuerza en el verdugo, en la carreta, en los gendarmes, en la multitud sobre el puente, en la multitud del muelle, en la multitud en las ventanas, y en aquello que ha sido puesto especialmente para mí sobre la lúgubre plaza de la Grève, que bien podría estar adoquinada con las cabezas que ha visto caer.

Creo que todavía me queda una hora para acostumbrarme a todo eso.

Todo el pueblo reirá, tocará palmas, aplaudirá. Y entre todos los hombres, libres y desconocidos para los carceleros, que corren llenos de alegría a ver la ejecución, en esa multitud que cubrirá la plaza, habrá más de una cabeza predestinada que tarde o temprano sucederá a la mía en la canasta roja. Más de uno de los que vienen por mí vendrá por sí mismo.

Para estos seres fatales hay, en cierto punto de la plaza de la Grève, un lugar fatal, un centro de gravedad, una trampa. Giran a su alrededor hasta que caen en él.

¡Mi pequeña Marie! Se la han llevado a jugar; ella observa a la multitud a través del coche, y ya no piensa más en «ese señor».

Tal vez tenga todavía tiempo de escribir algunas páginas para ella, para que un día las lea, para que en quince años llore por el día de hoy.

Sí, es preciso que sepa mi historia por mi boca, que sepa por qué está ensangrentado el apellido que le dejo.

MI HISTORIA
XXVI

En una habitación del Ayuntamiento

¡Del Ayuntamiento! Así que aquí estoy. El execrable trayecto ya está hecho. Ahí está la plaza, y bajo la ventana el pueblo horrible que ladra, y me espera, y ríe.

Por más que me haya endurecido, por más crispado que esté, el corazón me ha flaqueado. He solicitado hacer una última declaración. Me han dejado aquí, y han ido a buscar a uno de los procuradores del rey. Lo espero: al menos eso he ganado.

Ha ocurrido así:

Cuando daban las tres, han venido a advertirme de que ya era la hora. He temblado como si hubiera pensado en otra cosa en las últimas seis horas, seis semanas, seis meses. Esas palabras han producido en mí el efecto de algo inesperado.

Me han hecho atravesar sus corredores y descender por sus escaleras. Me han empujado entre dos calabozos de la planta baja, hacia un salón sombrío, estrecho, abovedado, apenas iluminado por un día de lluvia y de niebla. Había una silla en el centro. Me han dicho que me sentara; me he sentado.

Cerca de la puerta y a lo largo de los muros había gente de pie, además del sacerdote y el gendarme, y había tres hombres también.

El primero, el más grande y viejo, era gordo y tenía la cara colorada. Llevaba un redingote y un sombrero deforme de tres picos. Era él.

Era el verdugo, el mozo de la guillotina. Los otros dos eran sus lacayos.

Tan pronto como me he sentado, los otros dos se me han acercado por detrás, como gatos, y después, de repente, he sentido un frío de acero entre mi pelo, y las tijeras han chirriado junto a mis orejas.

Mi pelo, cortado al azar, caía en grandes mechas sobre mis hombros, y el hombre del sombrero de tres picos las sacudía suavemente con su gruesa mano.

Alrededor se hablaba en voz baja.

Había mucho ruido fuera, como un estremecimiento que ondulaba en el aire. He creído al principio que era el río; pero, ante el estallido de las carcajadas, me he dado cuenta de que era la multitud.

Un joven, que escribía con un lápiz sobre una carpeta, cerca de la ventana, ha preguntado a uno de los carceleros cómo se llamaba lo que estaban haciendo.

—La limpieza del condenado —ha respondido el otro.

He comprendido que todo esto saldría mañana en el periódico.

De repente, uno de los mozos me ha quitado la chaqueta y el otro ha tomado mis manos laxas, me las ha llevado detrás de la espalda, y he sentido los nudos de una cuerda enrollarse lentamente sobre mis muñecas. Al mismo tiempo, el otro me deshacía la corbata. Mi camisa de batista, el único jirón que me quedaba del yo de antaño, le ha hecho, de algún modo, dudar un instante; enseguida se ha puesto a cortarla por el cuello.

Ante esta precaución horrible, ante el sobrecogimiento producido por el acero que me tocaba el cuello, mis codos se han estremecido, y he dejado escapar un gemido ahogado. La mano de mi ejecutor ha temblado.

—¡Perdón, señor! —me ha dicho—. ¿Le he hecho daño?

Estos verdugos son hombres muy dulces.

Fuera, la multitud gritaba con más fuerza.

El gordo de rostro granujiento me ha dado a respirar un pañuelo empapado en vinagre.

—Gracias —le he dicho, con la voz más fuerte que he podido—, pero es inútil; me encuentro bien.

Entonces, uno de ellos se ha agachado y me ha atado ambos pies por medio de una cuerda fina y floja que no me permitía dar más que pasos muy cortos. Esta cuerda ha venido a unirse a la de mis manos.

Enseguida, el gordo me ha echado la chaqueta sobre los hombros y ha anudado las mangas bajo mi mandíbula. Su trabajo allí había concluido.

Solo entonces el sacerdote se ha acercado con su crucifijo.

—Vamos, hijo mío —me ha dicho.

Los mozos me han tomado por las axilas. Me he levantado, he caminado. Mis pasos blandos se doblaban como si tuviera dos rodillas en cada pierna.

En ese momento, la puerta exterior se ha abierto de par en par. Un clamor furioso y el aire frío y la luz blanca han irrumpido en la sombra donde yo estaba. Desde el fondo del calabozo oscuro, a través de la lluvia, he visto, bruscamente y a la vez, las mil cabezas vociferantes del pueblo amontonadas en desorden sobre la rampa de la escalera principal del Palacio; a la derecha, al mismo nivel del umbral, una fila de caballos de gendarmes, de los cuales la puerta baja no me dejaba ver más que las patas delanteras y el pecho; enfrente, un destacamento de soldados en línea de combate; a la izquierda, la parte trasera de una carreta, a la cual se apoyaba una escalera raída. Era un cuadro espantoso, convenientemente enmarcado por una puerta de prisión.

Era para ese temido instante que yo había guardado todo mi coraje. He dado tres pasos y he aparecido en el umbral del calabozo.

—¡Ahí está! ¡Ahí está! —ha gritado la multitud—. ¡Ya sale! ¡Por fin!

Y los que estaban más cerca de mí aplaudían. Por más amado que fuera un rey, no habría tanta fiesta.

Era una carreta ordinaria, con un caballo hético y un carretero de blusón azul con dibujos rojos como los que llevan los hortelanos de los alrededores de Bicêtre.

El gordo del sombrero de tres picos ha subido el primero.

—¡Buenos días, señor Sanson! —gritaban los niños, colgados de las rejas.

Un mozo lo ha seguido.

—¡Bravo, Martes! —han gritado de nuevo los niños.

Los dos se han sentado en la banqueta delantera. Era mi turno. He subido con paso bastante firme.

—¡El hombre está de buen ver! —ha dicho una mujer junto a los gendarmes.

Este atroz elogio me ha dado valor. El sacerdote ha venido a ubicarse cerca de mí. Me habían sentado sobre la banqueta trasera, de espaldas al caballo. Esta última atención me ha estremecido.

Esta gente emplea mucha humanidad en lo que hace.

He querido mirar a mi alrededor. Gendarmes delante, gendarmes atrás; después, multitud, multitud y multitud; un mar de cabezas sobre la plaza.

Un piquete de gendarmes a caballo me esperaba en la puerta de la reja del Palacio.

El oficial ha dado la orden. La carreta y su cortejo se han puesto en movimiento, como empujadas hacia delante por el grito del populacho.

Hemos franqueado la reja. Tan pronto como la carreta ha girado hacia el Pont-au-Change, la plaza ha estallado en gritos, de los adoquines a los tejados, y los puentes y los muelles han respondido imitando un terremoto.

Es allí donde se ha unido a la escolta el piquete que aguardaba.

—¡Abajo los sombreros! ¡Abajo los sombreros! —gritaban mil bocas a la vez. Como si fuese el rey.

Entonces también yo he reído horriblemente, y le he dicho al sacerdote:

—Ellos los sombreros, yo la cabeza.

Íbamos al paso.

El muelle de las Flores olía a lavanda; era día de mercado. Los comerciantes abandonaban sus ramos por mí.

Al frente, poco antes de la torre cuadrada que forma la esquina del Palacio, había tabernas cuyos entresuelos estaban llenos de espectadores contentos de estar tan bien situados. Mujeres, sobre todo. Debe de ser un buen día para los taberneros.

Se alquilaban mesas, sillas, andamios, carretas. Todo estaba invadido de espectadores. Los mercaderes de sangre humana gritaban a voz en grito:

—¿Quién quiere un sitio?

Me he sentido lleno de rabia contra esta gente. He tenido ganas de gritarles:

—¿Quién quiere el mío?

Mientras tanto, la carreta avanzaba. A cada paso que daba, la multitud se dispersaba tras ella; y yo, con mis ojos extraviados, la veía recomponerse más lejos, sobre otros puentes por los que habría de pasar.

Al entrar en el Pont-au-Change, he echado una mirada azarosa a la derecha, detrás de mí. Mi mirada se ha detenido en el otro muelle, encima de las casas, sobre una torre negra, aislada, erizada de esculturas, en cuya cúspide podía ver dos monstruos de piedra sentados de perfil. No sé por qué le he preguntado al sacerdote de qué lugar se trataba.

—Saint-Jacques de la Degollina —ha respondido el verdugo.

Ignoro cómo es que me sucedía aquello; en medio de la bruma, y a pesar de la lluvia fina y blanca que rayaba el aire como una red de telarañas, nada de lo que ocurría a mi alrededor se me escapaba. Cada uno de esos detalles me aportaba su tortura. Las emociones carecían de palabras.

Hacia la mitad de aquel Pont-au-Change, tan grande y atestado que apenas podíamos avanzar, el horror se ha apoderado de mí con violencia. He tenido miedo de desfallecer, ¡vanidad última! Entonces me he adormecido para no escuchar nada salvo las palabras del sacerdote, que a duras penas me llegaban entrecortadas de rumores.

He cogido el crucifijo y lo he besado.

—¡Ten piedad de mí, Dios mío! —he dicho.

Y he intentado hundirme en este pensamiento.

Pero cada tumbo de la tosca carreta me sacudía. Enseguida he sentido un súbito frío intenso. La lluvia había atravesado mis vestidos, y a través de mi pelo corto me mojaba la piel de la cabeza.

—¿Tiemblas de frío, hijo mío? —me ha preguntado el sacerdote.

—Sí —he contestado.

¡Ay de mí! No solo de frío.

A la vuelta del puente, unas mujeres me han compadecido por ser tan joven.

Entonces hemos tomado el muelle fatal. Yo empezaba a dejar de ver, a dejar de oír. Todas esas voces, todas esas cabezas en las ventanas, en las puertas, en las rejas de los almacenes, en los brazos de los faroles; esos espectadores ávidos y crueles; esa multitud que me conoce y de la que no conozco a nadie; esta calle adoquinada y emparedada con rostros humanos… Me sentía ebrio, estupefacto, insensible. Es algo insoportable, el peso de tantas miradas apoyadas sobre uno mismo.

Así pues, vacilaba sobre el banco, y ni siquiera al sacerdote ni al crucifijo les prestaba atención.

En medio del tumulto que me envolvía, ya no distinguía los gritos de piedad de los de alegría, las risas de los lamentos, las voces del ruido; todo era un rumor que resonaba en mi cabeza como el eco en una marmita.

Mis ojos leían mecánicamente los rótulos de las tiendas.

En un momento dado, he sentido la extraña curiosidad de girar la cabeza y mirar hacia dónde avanzaba. Era una última bravata de la inteligencia. Pero el cuerpo no me ha obedecido; mi nuca ha permanecido paralizada, como muerta de antemano.

Tan solo he podido entrever, de lado, a mi izquierda, más allá del río, la torre de Notre-Dame, la cual, vista desde ese punto, esconde la otra. Es aquella en la que está la bandera. Había mucha gente; debían de tener una buena vista.

Y la carreta seguía, seguía, y las tiendas pasaban, y los rótulos se sucedían, escritos, pintados, dorados, y el populacho reía y pataleaba en el barro, y me he abandonado, como se abandonan al sueño quienes se adormecen.

De repente, la serie de tiendas que ocupaba mi mirada se ha cortado en la esquina de una plaza; la voz de la multitud se ha vuelto más vasta, más vocinglera, más alegre todavía; la carreta se ha detenido súbitamente, y he estado a punto de caer de bruces contra el tablado. El sacerdote me ha sostenido.

—¡Valor! —ha murmurado.

Entonces han traído una escalera a la parte trasera de la carreta; el sacerdote me ha ofrecido su brazo, he bajado, enseguida he dado un paso, me he dado la vuelta para dar otro, pero no lo he logrado. Entre los dos faroles del muelle, he visto una cosa siniestra.

¡Era la realidad!

Me he detenido, como si ya me tambaleara por el golpe.

—¡Quiero hacer una última declaración! —he gritado frágilmente.

Me han subido aquí.

He pedido que me dejasen escribir mis últimas voluntades. Me han desatado las manos, pero la cuerda está aquí, muy cerca, y el resto está más abajo.

Un juez, un comisario, un magistrado, no sé de qué especie, acaba de venir. Le he solicitado mi indulto juntando ambas manos y arrastrándome de rodillas. Me ha preguntado, con una sonrisa fatal, si eso es todo lo que tenía que decirle.

—¡El indulto! ¡El indulto! —he repetido—. ¡O cinco minutos más, por piedad!

¿Quién sabe? ¡Tal vez me lo concedan! A mi edad es tan horrible morir así. A menudo se han visto indultos que llegan en el último momento. Y ¿quién merece el indulto, señor, más que yo?

¡Este execrable verdugo! Se ha acercado al juez para decirle que la ejecución debe hacerse a cierta hora, que la hora se acerca, que él es el responsable, y que además llueve y aquello podría oxidarse.

—¡Eh, por piedad! ¡Un minuto para esperar mi indulto! ¡O me defiendo! ¡Muerdo!

El juez y el verdugo han salido. Estoy solo. Solo con dos gendarmes.

¡Oh! El pueblo horrible con sus gritos de hiena. ¿Quién sabe si no podré escapar de él? ¿Si no seré salvado? ¿Si mi indulto…? ¡Es imposible que no me indulten!

¡Ah, miserables! Me parece que suben por la escalera…

LA TORRE DE LAS RATAS

Desde que había empezado a anochecer, sólo tenía un pensamiento. Sabía que, antes de llegar a Bingen, un poco antes de la confluencia con el Nahe, encontraría un extraño edificio, una lúgubre morada ruinosa, de pie entre los juncos, en medio del río y entre dos altas montañas. Aquella morada ruinosa era la Maüsethurm.

Cuando era niño, por encima de mi cama tenía un pequeño cuadro rodeado de un marco negro que no sé qué criada alemana había colgado en la pared. Representaba una vieja torre aislada, enmohecida, destartalada, rodeada de aguas profundas y oscuras que la cubrían de vapores, y de montañas que la cubrían de sombras. El cielo por encima de aquella torre era sombrío y cubierto de nubes horrendas.

Por la noche, después de haber rezado a Dios y antes de dormirme, miraba siempre aquel cuadro. Lo volvía a ver en mis sueños y me parecía terrible. La torre aumentaba, el agua hervía, un relámpago caía de las nubes, el viento soplaba en las montañas y, por momentos, parecía lanzar clamores.

Un día le pregunté a la criada cómo se llamaba aquella torre. Santiguándose, me respondió que se llamaba la Maüsethurm. Y luego me contó una historia. Que en otros tiempos, en Maguncia, en su país, había habido un malvado arzobispo llamado Hatto, que era también abad de Fuld, sacerdote avaro, según ella, que «abría la mano más para bendecir que para dar». Que un mal año compró todo el trigo de las cosechas para revendérselo muy caro al pueblo, pues aquel cura quería ser muy rico. La hambruna fue tal que los campesinos morían de hambre en los pueblos del Rin. Que entonces el pueblo se reunió alrededor del burgo de Maguncia, llorando y solicitando pan. Que el arzobispo se lo negó.

En este punto, la historia se hacía terrible. El pueblo hambriento no se dispersaba y seguía rodeando el palacio del arzobispo, gimiendo. Hatto, enojado, hizo rodear aquellas pobres gentes por sus arqueros que detuvieron a hombres y mujeres, ancianos y niños, y los encerraron en un troje al que prendieron fuego. Fue, añadía la vieja criada, «un espectáculo ante el que hasta las piedras habrían llorado» pero Hatto no hizo sino reír; y cuando aquellos desgraciados, expirando entre las llamas, lanzaban gritos lamentables, éste dijo: «¿EstáN oyendo a las ratas silbar?»

Al día siguiente, del troje fatal sólo quedaban cenizas; no había nadie en Maguncia; la ciudad parecía muerta y desierta cuando, de repente, una multitud de ratas, que pululaban en el troje quemado como los gusanos en las úlceras de Asuero, salían de debajo de la tierra, surgían de entre las losas, salían por las grietas de los muros, renacían bajo el pie que las aplastaba, se multiplicaban bajo las piedras y bajo las mazas, e inundaron las calles, la ciudadela, el palacio, los sótanos, las salas y las alcobas. Era un azote, una plaga, un repugnante hormigueo.

Fuera de sí, Hatto abandonó Maguncia y huyó hacia la llanura pero las ratas lo siguieron; corrió a refugiarse en Bingen que tenía altas murallas, pero las ratas pasaron por encima de las murallas y entraron en Bingen. Entonces el arzobispo mandó construir una torre en medio del Rin y se refugió en ella con la ayuda de una barca alrededor de la cual diez arqueros golpeaban el agua; las ratas se arrojaron al agua, cruzaron el Rin, treparon por la torre, royeron las puertas, el tejado, las ventanas, los techos, los suelos y, llegadas por fin a la mazmorra en la que el miserable arzobispo se había escondido, lo devoraron vivo.

Ahora la maldición del cielo y el horror de los hombres pesan sobre esta torre llamada Maüsethurm. Está desierta, en ruinas en medio del río y, a veces, por la noche, se ve salir de ella un extraño vapor rojizo que parece el humo de una hoguera, pero es el alma de Hatto que regresa.

¿Han observado ustedes algo? La historia es en ocasiones inmoral, los cuentos son siempre honestos, morales y virtuosos. En la historia el más fuerte prospera, los tiranos triunfan, los verdugos gozan de buena salud, los monstruos engordan, los Sila se transforman en buenos burgueses, los Luis XI y los Cromwell mueren en su cama. En los cuentos el infierno es siempre visible. No hay falta que no tenga su castigo a veces incluso exagerado; no hay crimen que no traiga tras de sí un suplicio con frecuencia espantoso; no hay malvado que no se convierta en un desgraciado a veces digno de lástima. Eso ocurre porque la historia se mueve en lo infinito y el cuento en lo finito. El hombre, que hace el cuento, no se siente con derecho a exponer los hechos y dejar suponer las consecuencias de los mismos; porque palpa en la oscuridad, no está seguro de nada, necesita acotarlo todo por medio de una enseñanza, un consejo y una lección; y no se atrevería a inventar acontecimientos sin conclusión inmediata. Dios, que hace la historia, muestra lo que quiere y conoce el resto.

Maüsethurm es un término cómodo. Se ve en él lo que se quiere ver. Hay espíritus que se consideran positivos -y que no son sino áridos-, que expulsan de todo la poesía, y están siempre dispuestos a decirle, como aquel hombre positivo al ruiseñor: «¡Quieres callarte, maldito animal!» Este tipo de mentes explican que la palabra Maüsethurm viene de maus o mauth, que significa peaje. Declaran que en el siglo X, antes de que se ensanchara el cauce del río, el paso del Rin sólo estaba abierto por la orilla izquierda y que la ciudad de Bingen había establecido por medio de esta torre su derecho de fielato sobre los barcos. Se apoyan en que aún hay cerca de Estrasburgo dos torres parecidas dedicadas a la percepción de impuestos sobre los transeúntes, que también se llaman Maüsethurm. Para estos graves pensadores inaccesibles a las fábulas, la torre maldita es una puerta de consumos y Hatto un portalero o aduanero.

Para las gentes sencillas, entre las que me incluyo gustoso, Maüsethurm procede de maüse, que viene de mus y significa rata. Esa supuesta puerta de consumos es la torre de las ratas, y el aduanero un espectro.

Después de todo, las dos opiniones podrían conciliarse. No es absolutamente imposible que hacia el siglo XVI o el XVII, después de Lutero, después de Erasmo, los bugomaestres incrédulos hubieran utilizado la torre de Hatto y hubieran instalado provisionalmente alguna tasa y algún peaje en aquella ruina de mala fama. ¿Por qué no?

Roma hizo del templo de Antonino su aduana, su dogana. Lo que Roma hizo respecto a la historia, Bingen pudo hacerlo respecto a la leyenda. Así, mauth tendría razón y maüse no estaría equivocada.

Sea como fuere, desde que la vieja criada me narró el cuento de Hatto, la Maüsethurm había sido una de las visiones habituales de mi espíritu. Ya saben, no hay hombre que no tenga sus fantasmas, como no hay hombre que no tenga sus quimeras. Por la noche pertenecemos a los sueños; a veces los atraviesa un rayo de sol, a veces lo hace una llama; y según el reflejo colorante, el mismo sueño es una gloria celestial o una aparición del infierno. Efecto de luz de Bengala que se produce en la imaginación.

Yo debo reconocer que la torre de las ratas, en medio de su charca de agua, siempre me pareció horrible. Por lo que -¿me atreveré a confesarlo?- cuando el azar, que me pasea a su antojo, me condujo a orillas del Rin, el primer pensamiento que se me ocurrió no fue que vería la cúpula de Maguncia, o la catedral de Colonia o el Palatinado, sino que podría visitar la torre de las ratas.

POESÍA

YO TENÍA DOCE AÑOS; DIECISÉIS ELLA AL MENOS

Yo tenía doce años; dieciséis ella al menos.
Alguien que era mayor cuando yo era pequeño.
Al caer de la tarde, para hablarle a mis anchas,
esperaba el momento en que se iba su madre;
luego con una silla me acercaba a su silla,
al caer de la tarde, para hablarle a mis anchas.

¡Cuánta flor la de aquellas primaveras marchitas,
cuánta hoguera sin fuego, cuánta tumba cerrada!
¿Quién se acuerda de aquellos corazones de antaño?
¿Quién se acuerda de rosas florecidas ayer?
Yo sé que ella me amaba. Yo la amaba también.
Fuimos dos niños puros, dos perfumes, dos luces.

Ángel, hada y princesa la hizo Dios. Dado que era
ya persona mayor, yo le hacía preguntas
de manera incesante por el solo placer
de decirle: ¿Por qué? Y recuerdo que a veces,
temerosa, evitaba mi mirada pletórica
de mis sueños, y entonces se quedaba abstraída.

Yo quería lucir mi saber infantil,
la pelota, mis juegos y mis ágiles trompos;
me sentía orgulloso de aprender mi latín;
le enseñaba mi Fedro, mi Virgilio, la vida
era un reto, imposible que algo me hiciera daño.
Puesto que era mi padre general, presumía.

Las mujeres también necesitan leer
en la iglesia en latín, deletreando y soñando;
y yo le traducía algún que otro versículo,

inclinándome así sobre su libro abierto.
El domingo, en las vísperas, desplegar su ala blanca
sobre nuestras cabezas yo veía a los ángeles.

De mí siempre decía: ¡Todavía es un niño!
Yo solía llamarla mademoiselle Lise.
Y a menudo en la iglesia, ante un salmo difícil,
me inclinaba feliz sobre su libro abierto.
Y hasta un día, ¡Dios mío, Tú lo viste!, mis labios
hechos fuego rozaron sus mejillas en flor.

Juveniles amores, que duraron tan poco,
sois el alba de nuestro corazón, hechizad
a aquel niño que fuimos con un éxtasis único.
Y al caer de la tarde, cuando llega el dolor,
consolad nuestras almas, deslumbradas aún,
juveniles amores, que duraron tan poco.

YA BRILLA LA AURORA FANTÁSTICA, INCIERTA

Ya brilla la aurora fantástica, incierta,
velada en su manto de rico tisú.
¿Por qué, niña hermosa, no se abre tu puerta?
¿Por qué cuando el alba las flores despierta
durmiendo estás tú?

Llamando a tu puerta, diciendo está el día:
"Yo soy la esperanza que ahuyenta el dolor".
El ave te dice: "Yo soy la armonía".
Y yo, suspirando, te digo: "Alma mía,
yo soy el amor".

¡VEN! EN LA PRADERA EN FLOR

¡Ven! En la pradera en flor,
suena una flauta invisible…
El canto más apacible
es el canto del pastor.

Un hálito fresco y suave
riza la onda de cristal…
La música más jovial
es la música del ave.

¡Que la sombra del dolor
no nuble tu faz radiante!
El himno más palpitante
es el himno del amor.

A UNA MUJER

¡Niña!, si yo fuera rey daría mi reino,
mi trono, mi cetro y mi pueblo arrodillado,
mi corona de oro, mis piscinas de pórfido,
y mis flotas, para las que no bastaría el mar,
por una mirada tuya.

Si yo fuera Dios, la tierra y las olas,
los ángeles, los demonios sujetos a mi ley.
Y el profundo caos de profunda entraña,
la eternidad, el espacio, los cielos, los mundos
¡daría por un beso tuyo!

ALBORADA

Ya brilla la aurora fantástica, incierta,
velada en su manto de rico tisú.
¿Por qué, niña hermosa, no se abre tu puerta?
¿Por qué cuando el alba las flores despierta
durmiendo estás tú?

Llamando a tu puerta, diciendo está el día:
"Yo soy la esperanza que ahuyenta el dolor".
El ave te dice: "Yo soy la armonía".
Y yo, suspirando, te digo: "Alma mía,
yo soy el amor".

¡AY!, ¡CUÁNTOS CAPITANES Y CUÁNTOS MARINEROS

¡Ay!, ¡cuántos capitanes y cuántos marineros
que buscaron, alegres, distantes derroteros,
se eclipsaron un día tras el confín lejano!
Cuántos ¡ay!, se perdieron, dura y triste fortuna,
en este mar sin fondo, entre sombras sin luna,
y hoy duermen para siempre bajo el ciego océano.

¡Cuántos pilotos muertos con sus tripulaciones!
La hojas de sus vidas robaron los tifones
y las esparció un soplo en las ondas gigantes.
Nadie sabrá su muerte en este abismo amargo.
Al pasar, cada ola de un botín se hizo cargo:
una cogió el esquife y otra los tripulantes.

Se ignora vuestra suerte, oh cabezas perdidas
que rodáis por las negras regiones escondidas
golpeando vuestras frentes contra escollos ignotos.
¡Cuántos padres vivían de un sueño solamente

y en las playas murieron esperando al ausente
que no regresó nunca de los mares remotos!

En las veladas hablan a veces de vosotros.
Sentados en las anclas, unos fuman y otros
enlazan vuestros nombres -ya de sombra cubierta-
a risas, a canciones, a historias divertidas,
o a los besos robados a vuestras prometidas,
¡mientras dormís vosotros entre las algas yertos!

Preguntan: «¿Dónde se hallan? ¿Triunfaron? ¿Son felices?
¿Nos dejaron por otros más fértiles países?»
Después, vuestro recuerdo mismo queda perdido.
Se traga el mar el cuerpo y el nombre la memoria.
Sombras sobre las sombras acumula la historia
y sobre el negro océano se extiende el negro olvido.

Pronto queda el recuerdo totalmente borrado.
¿No tiene uno su barca, no tiene otro su arado?
Tan sólo vuestras viudas, en noches de ciclones,
aún hablan de vosotros-ya de esperar cansadas-
moviendo así las tristes cenizas apagadas
de sus hogares muertos y de sus corazones.

Y cuando al fin la tumba los párpados les cierra,
nada os recuerda, nada, ni una piedra en la tierra
del cementerio aldeano donde el eco responde,
ni un ciprés amarillo que el otoño marchita,
ni la canción monótona que un mendigo musita
bajo un puente ya en ruinas que su dolor esconde.

¿En dónde están los náufragos de las noches oscuras?
¡Sabéis vosotras, ¡olas! , siniestras aventuras,
olas que en vano imploran las madres de rodillas!

¡Las contáis cuando avanza la marea ascendente
y esto es lo que os da aquella voz amarga y doliente
con que lloráis de noche golpeando en las orillas!

AYER AL ANOCHECER

Las sombras descendían, los pájaros callaban,
la luna desplegaba su nacarado olán.
La noche era de oro, los astros nos miraban
y el viento nos traía la esencia del galán.

El cielo azul tenía cambiantes de topacio,
la tierra oscura cabello de bálsamo sutil;
tus ojos más destellos que todo aquel espacio,
tu juventud más ámbar que todo aquel abril.

Aquella era la hora solemne en que me inspiro,
en que del alma brota el cántico nupcial,
el cántico inefable del beso y del suspiro,
el cántico más dulce, del idilio triunfal.

De súbito atraído quizá por una estrella,
volviste al éter puro tu rostro soñador…
Y dije a los luceros: "¡verted el cielo en ella!"
y dije a tus pupilas: "¡verted en mí el amor!"

BOOZ DORMIDO

Booz se había acostado, rendido de fatiga;
Todo el día había trabajado sus tierras
y luego preparado su lecho en el lugar de siempre;
Booz dormía junto a los celemines llenos de trigo.

Ese anciano poseía campos de trigo y de cebada;
Y, aunque rico, era justo;

No había lodo en el agua de su molino;
Ni infierno en el fuego de su fragua.

Su barba era plateada como arroyo de abril.
Su gavilla no era avara ni tenía odio;

Cuando veía pasar alguna pobre espigadora:
"Dejar caer a propósito espigas" -decía.

Caminaba puro ese hombre, lejos de los senderos desviados,
vestido de cándida probidad y lino blanco;
Y, siempre sus sacos de grano, como fuentes públicas,
del lado de los pobres se derramaban.

Booz era buen amo y fiel pariente;
aunque ahorrador, era generoso;
las mujeres le miraban más que a un joven,
pues el joven es hermoso, pero el anciano es grande.

El anciano que vuelve hacia la fuente primera,
entra en los días eternos y sale de los días cambiantes;
se ve llama en los ojos de los jóvenes,
pero en el ojo del anciano se ve luz.

2

Así pues Booz en la noche, dormía entre los suyos.
Cerca de las hacinas que se hubiesen tomado por ruinas,
los segadores acostados formaban grupos oscuros:
Y esto ocurría en tiempos muy antiguos.

Las tribus de Israel tenían por jefe un juez;
la tierra donde el hombre erraba bajo la tienda, inquieto
por las huellas de los pies del gigante que veía,
estaba mojada aún y blanda del diluvio.

3

Así como dormía Jacob, como dormía Judith,
Booz con los ojos cerrados, yacía bajo la enramada;
entonces, habiéndose entreabierto la puerta del cielo
por encima de su cabeza, fue bajando un sueño.

Y ese sueño era tal que Booz vio un roble
que, salido de su vientre, iba hasta el cielo azul;
una raza trepaba como una larga cadena;
Un rey cantaba abajo, arriba moría un dios.

Y Booz murmuraba con la voz del alma:
"¿Cómo podría ser que eso viniese de mí?
la cifra de mis años ha pasado los ochenta,
y no tengo hijos y ya no tengo mujer.

Hace ya mucho que aquella con quien dormía,
¡Oh Señor! dejó mi lecho por el vuestro;
Y estamos todavía tan mezclados el uno al otro,
ella semi viva, semi muerto yo.

Nacería de mí una raza ¿cómo creerlo?
¿Cómo podría ser que tenga hijos?
Cuando de joven se tienen mañanas triunfantes,
el día sale de la noche como de una victoria;

Pero de viejo, uno tiembla como el árbol en invierno;
viudo estoy, estoy solo, sobre mí cae la noche,
e inclino ¡oh Dios mío! mi alma hacia la tumba,
como un buey sediento inclina su cabeza hacia el agua".

Así hablaba Booz en el sueño y el éxtasis,
volviendo hacia Dios sus ojos anegados por el sueño;
el cedro no siente una rosa en su base,

y él no sentía una mujer a sus pies.

4

Mientras dormía, Ruth, una Moabita,
se había recostado a los pies de Booz, con el seno desnudo,
esperando no se sabe qué rayo desconocido
cuando viniera del despertar la súbita luz.

Booz no sabía que una mujer estaba ahí,
y Ruth no sabía lo que Dios quería de ella.

Un fresco perfume salía de los ramos de asfodelas;
los vientos de la noche flotaban sobre Galgalá.
La sombra era nupcial, augusta y solemne;
allí, tal vez, oscuramente, los ángeles volaban,
a veces, se veía pasar en la noche,
algo azul semejante a un ala.

La respiración de Booz durmiendo
se mezclaba con el ruido sordo de los arroyos sobre el musgo.
Era un mes en que la naturaleza es dulce,
y hay lirios en la cima de las colinas.

Ruth soñaba y Booz dormía; la hierba era negra;
Los cencerros del ganado palpitaban vagamente;
Una inmensa bondad caía del firmamento;
Era la hora tranquila en que los leones van a beber.

Todo reposaba en Ur y en Jerimadet;
Los astros esmaltaban el cielo profundo y sombrío;
El cuarto creciente fino y claro entre esas flores de la sombra
brillaba en Occidente, y Ruth se preguntaba,

inmóvil, entreabriendo los ojos bajo sus velos,
qué dios, qué segador del eterno verano,
había dejado caer negligentemente al irse
esa hoz de oro en los campos de estrellas.

BOOZ SE HABÍA ACOSTADO, RENDIDO DE FATIGA;

Booz se había acostado, rendido de fatiga;
Todo el día había trabajado sus tierras
y luego preparado su lecho en el lugar de siempre;
Booz dormía junto a los celemines llenos de trigo.

Ese anciano poseía campos de trigo y de cebada;
Y, aunque rico, era justo;
No había lodo en el agua de su molino;
Ni infierno en el fuego de su fragua.

Su barba era plateada como arroyo de abril.
Su gavilla no era avara ni tenía odio;

Cuando veía pasar alguna pobre espigadora:
"Dejar caer a propósito espigas" -decía.

Caminaba puro ese hombre, lejos de los senderos desviados,
vestido de cándida probidad y lino blanco;
Y, siempre sus sacos de grano, como fuentes públicas,
del lado de los pobres se derramaban.

Booz era buen amo y fiel pariente;
aunque ahorrador, era generoso;
las mujeres le miraban más que a un joven,
pues el joven es hermoso, pero el anciano es grande.

El anciano que vuelve hacia la fuente primera,
entra en los días eternos y sale de los días cambiantes;
se ve llama en los ojos de los jóvenes,
pero en el ojo del anciano se ve luz.

2

Así pues Booz en la noche, dormía entre los suyos.
Cerca de las hacinas que se hubiesen tomado por ruinas,
los segadores acostados formaban grupos oscuros:
Y esto ocurría en tiempos muy antiguos.

Las tribus de Israel tenían por jefe un juez;
la tierra donde el hombre erraba bajo la tienda, inquieto
por las huellas de los pies del gigante que veía,
estaba mojada aún y blanda del diluvio.

3

Así como dormía Jacob, como dormía Judith,
Booz con los ojos cerrados, yacía bajo la enramada;
entonces, habiéndose entreabierto la puerta del cielo
por encima de su cabeza, fue bajando un sueño.

Y ese sueño era tal que Booz vio un roble
que, salido de su vientre, iba hasta el cielo azul;
una raza trepaba como una larga cadena;
Un rey cantaba abajo, arriba moría un dios.

Y Booz murmuraba con la voz del alma:
"¿Cómo podría ser que eso viniese de mí?
la cifra de mis años ha pasado los ochenta,
y no tengo hijos y ya no tengo mujer.

Hace ya mucho que aquella con quien dormía,
¡Oh Señor! dejó mi lecho por el vuestro;

111

Y estamos todavía tan mezclados el uno al otro,
ella semi viva, semi muerto yo.

Nacería de mí una raza ¿cómo creerlo?
¿Cómo podría ser que tenga hijos?
Cuando de joven se tienen mañanas triunfantes,
el día sale de la noche como de una victoria;

Pero de viejo, uno tiembla como el árbol en invierno;
viudo estoy, estoy solo, sobre mí cae la noche,
e inclino ¡oh Dios mío! mi alma hacia la tumba,
como un buey sediento inclina su cabeza hacia el agua".

Así hablaba Booz en el sueño y el éxtasis,
volviendo hacia Dios sus ojos anegados por el sueño;
el cedro no siente una rosa en su base,
y él no sentía una mujer a sus pies.

4

Mientras dormía, Ruth, una Moabita,
se había recostado a los pies de Booz, con el seno desnudo,
esperando no se sabe qué rayo desconocido
cuando viniera del despertar la súbita luz.

Booz no sabía que una mujer estaba ahí,
y Ruth no sabía lo que Dios quería de ella.

Un fresco perfume salía de los ramos de asfodelas;
los vientos de la noche flotaban sobre Galgalá.
La sombra era nupcial, augusta y solemne;
allí, tal vez, oscuramente, los ángeles volaban,
a veces, se veía pasar en la noche,
algo azul semejante a un ala.

La respiración de Booz durmiendo
se mezclaba con el ruido sordo de los arroyos sobre el musgo.
Era un mes en que la naturaleza es dulce,
y hay lirios en la cima de las colinas.

Ruth soñaba y Booz dormía; la hierba era negra;
Los cencerros del ganado palpitaban vagamente;
Una inmensa bondad caía del firmamento;
Era la hora tranquila en que los leones van a beber.

Todo reposaba en Ur y en Jerimadet;
Los astros esmaltaban el cielo profundo y sombrío;
El cuarto creciente fino y claro entre esas flores de la sombra
brillaba en Occidente, y Ruth se preguntaba,

inmóvil, entreabriendo los ojos bajo sus velos,
qué dios, qué segador del eterno verano,
había dejado caer negligentemente al irse
esa hoz de oro en los campos de estrellas.

CUANDO EL SOPLO DE ABRIL ABRE LAS FLORES

Cuando el soplo de abril abre las flores,
buscan las golondrinas
de la vieja torre las agrestes ruinas;
los pardos ruiseñores
buscando van, bien mío,
el bosque más sombrío,
para esconder a todos su morada
en los frondosos ramos.
Y nosotros también, en el tumulto
de la inmensa ciudad, hogar oculto
anhelantes buscamos,

donde jamás oblicua una mirada
llegue como un insulto;
y preferimos las desiertas calles
donde la turba inquieta
en tropel no se agrupa; y en los valles
las sendas del pastor y del poeta;
y en la selva el rincón desconocido
donde no llegan del mundo los rumores.
Como esconden los pájaros su nido,
vamos allí a ocultar nuestros amores.

ÉL DECÍA A SU AMADA: SI PUDIÉRAMOS IR

Él decía a su amada: Si pudiéramos ir
los dos juntos, el alma rebosante de fe,
con fulgores extraños en el fiel corazón,
ebrios de éxtasis dulces y de melancolía,

hasta hacer que se rompan los mil nudos con que ata
la ciudad nuestra vida; si nos fuera posible
salir de este París triste y loco, huiríamos;
no se adónde, a cualquier ignorado lugar,

lejos de vanos ruidos, de los odios y envidias,
a buscar un rincón donde crece la hierba,
donde hay árboles y hay una casa chiquita
con sus flores y un poco de silencio, y también

soledad, y en la altura cielo azul y la música
de algún pájaro que se ha posado en las tejas,
y un alivio de sombra… ¿Crees que acaso podemos
tener necesidad de otra cosa en el mundo?

YO TENÍA DOCE AÑOS; DIECISÉIS ELLA AL MENOS

Yo tenía doce años; dieciséis ella al menos.
Alguien que era mayor cuando yo era pequeño.
Al caer de la tarde, para hablarle a mis anchas,
esperaba el momento en que se iba su madre;
luego con una silla me acercaba a su silla,
al caer de la tarde, para hablarle a mis anchas.

¡Cuánta flor la de aquellas primaveras marchitas,
cuánta hoguera sin fuego, cuánta tumba cerrada!
¿Quién se acuerda de aquellos corazones de antaño?
¿Quién se acuerda de rosas florecidas ayer?
Yo sé que ella me amaba. Yo la amaba también.
Fuimos dos niños puros, dos perfumes, dos luces.

Ángel, hada y princesa la hizo Dios. Dado que era
ya persona mayor, yo le hacía preguntas
de manera incesante por el solo placer
de decirle: ¿Por qué? Y recuerdo que a veces,
temerosa, evitaba mi mirada pletórica
de mis sueños, y entonces se quedaba abstraída.

Yo quería lucir mi saber infantil,
la pelota, mis juegos y mis ágiles trompos;
me sentía orgulloso de aprender mi latín;
le enseñaba mi Fedro, mi Virgilio, la vida
era un reto, imposible que algo me hiciera daño.
Puesto que era mi padre general, presumía.

Las mujeres también necesitan leer
en la iglesia en latín, deletreando y soñando;
y yo le traducía algún que otro versículo,

inclinándome así sobre su libro abierto.
El domingo, en las vísperas, desplegar su ala blanca
sobre nuestras cabezas yo veía a los ángeles.

De mí siempre decía: ¡Todavía es un niño!
Yo solía llamarla mademoiselle Lise.
Y a menudo en la iglesia, ante un salmo difícil,
me inclinaba feliz sobre su libro abierto.
Y hasta un día, ¡Dios mío, Tú lo viste!, mis labios
hechos fuego rozaron sus mejillas en flor.

Juveniles amores, que duraron tan poco,
sois el alba de nuestro corazón, hechizad
a aquel niño que fuimos con un éxtasis único.
Y al caer de la tarde, cuando llega el dolor,
consolad nuestras almas, deslumbradas aún,
juveniles amores, que duraron tan poco.

YA BRILLA LA AURORA FANTÁSTICA, INCIERTA

Ya brilla la aurora fantástica, incierta,
velada en su manto de rico tisú.
¿Por qué, niña hermosa, no se abre tu puerta?
¿Por qué cuando el alba las flores despierta
durmiendo estás tú?

Llamando a tu puerta, diciendo está el día:
"Yo soy la esperanza que ahuyenta el dolor".
El ave te dice: "Yo soy la armonía".
Y yo, suspirando, te digo: "Alma mía,
yo soy el amor".

¡VEN! EN LA PRADERA EN FLOR

¡Ven! En la pradera en flor,
suena una flauta invisible…
El canto más apacible
es el canto del pastor.

Un hálito fresco y suave
riza la onda de cristal…
La música más jovial
es la música del ave.

¡Que la sombra del dolor
no nuble tu faz radiante!
El himno más palpitante
es el himno del amor.

SI YA LA MAÑANA SONRÍE EN EL VALLE

Si ya la mañana sonríe en el valle,
¿por qué no has abierto tu cáliz de flor?
¿por qué estás dormida, cuando ha despertado
la blanca gardenia que estaba en botón?

¿Será tan profundo tu sueño que no oigas
que todo a tus puertas te canta a una voz:
mi espíritu ardiente y el ave del cielo,
la fresca corola y el rayo del sol?

La rosa te dice: "¡yo soy el perfume!"
El día te dice: "¡yo soy la ilusión!"
La alondra te dice: "¡yo soy el gorjeo!"
Y mi alma te dice: "¡yo soy el amor!"

SI PUDIÉRAMOS IR

Él decía a su amada: Si pudiéramos ir
los dos juntos, el alma rebosante de fe,
con fulgores extraños en el fiel corazón,
ebrios de éxtasis dulces y de melancolía,

hasta hacer que se rompan los mil nudos con que ata
la ciudad nuestra vida; si nos fuera posible
salir de este París triste y loco, huiríamos;
no se adónde, a cualquier ignorado lugar,

lejos de vanos ruidos, de los odios y envidias,
a buscar un rincón donde crece la hierba,
donde hay árboles y hay una casa chiquita
con sus flores y un poco de silencio, y también

soledad, y en la altura cielo azul y la música
de algún pájaro que se ha posado en las tejas,
y un alivio de sombra… ¿Crees que acaso podemos
tener necesidad de otra cosa en el mundo?

SI NADA DE MÍ QUIERES

Si nada de mí quieres,
¿por qué te acercas a mí?
Y si así me enloqueces,
¿por qué me mira así?
Si nada de mí quieres,
¿por qué te acercas a mí?

Si nada intentas decir,
¿por qué mi mano aprietas?
Del hermoso porvenir,
de la dicha en que sueñas,

si nada intentas decir,
¿por qué mi mano aprietas?

Si quieres que aquí no esté,
¿por qué pasas por aquí?
Eres mi afán y eres mi fe;
tiemblo al verte ¡ay de mí!
Si quieres que aquí no esté,
¿por qué pasas por aquí?

ROMA REEMPLAZA A ESPARTA

Roma reemplazaba a Esparta,
ya Napoleón se asomaba bajo Bonaparte,
y del primer cónsul, ya en muchos lugares,
la frente del emperador rompía la estrecha máscara.
Entonces en Besanzón, vieja ciudad española,
arrojado como semilla al capricho del viento que vuela,
nació de una sangre bretona y lorenense a la vez
un niño sin color, sin mirada y sin voz;
tan débil que fue, como una quimera,
abandonado por todos, excepto por su madre,
y su cuello doblado como un frágil junco
hizo al mismo tiempo su ataúd y su cuna.
Ese niño que la vida borraba de su libro,
y que ni siquiera tenía un mañana para vivir,
soy yo.—

Quizás algún día les contaré
qué leche pura, qué cuidados, qué votos, qué amor,
prodigados para mi vida condenada al nacer,
me hicieron dos veces el hijo de mi madre obstinada,
ángel que sobre tres hijos atados a sus pasos
derramaba su amor y no medía.

¡Oh, el amor de una madre! ¡Amor que nadie olvida!
¡Pan maravilloso que un dios comparte y multiplica!
¡Mesa siempre servida en el hogar paterno!
¡Cada uno tiene su parte y todos lo tienen todo!

Podré decir algún día, cuando la noche dudosa
haga hablar las noches de mi vejez narradora,
cómo este alto destino de gloria y de terror,
que movía el mundo a los pasos del emperador,
en su aliento tormentoso me llevó sin defensa,
a todos los vientos del aire hizo ondear mi infancia.
Porque, cuando el aquilón golpea sus ondas palpitantes,
el océano convulsivo atormenta al mismo tiempo
al barco de tres puentes que retumba con la tormenta
¡y la hoja escapada de los árboles de la orilla!

Ahora, aún joven y a menudo probado,
tengo más de un recuerdo profundamente grabado,
y se pueden distinguir muchas cosas pasadas
en estos pliegues de mi frente que mis pensamientos han cavado.
Ciertamente, más de un anciano sin llama y sin cabello,
cansado al final de todos sus deseos,
palidecería si viera, como un abismo en las olas,
mi alma donde mi pensamiento habita, como un mundo,
todo lo que he sufrido, todo lo que he intentado,
todo lo que me ha mentido como un fruto abortado,
mi tiempo más hermoso pasado sin esperanza de que renazca,
los amores, los trabajos, los duelos de mi juventud,
y aunque aún en la edad en que el futuro sonríe,
¡el libro de mi corazón escrito en cada página!

Si a veces mis pensamientos vuelan de mi pecho,
mis canciones por el mundo en harapos dispersas;

si me place esconder el amor y el dolor
en un rincón de una novela irónica y burlona;
si sacudo la escena con mi fantasía,
si choco ante los ojos de una multitud selecta
otros hombres como ellos, viviendo todos a la vez
de mi aliento y hablando al pueblo con mi voz;
si mi cabeza, horno donde mi espíritu se enciende,
arroja el verso de bronce que bulle y que humea
en el ritmo profundo, molde misterioso
de donde sale la estrofa abriendo sus alas en los cielos;
es porque el amor, la tumba y la gloria y la vida,
la ola que huye, perseguida constantemente por la ola,
todo aliento, todo rayo, ya sea propicio o fatal,
hace brillar y vibrar mi alma de cristal,
mi alma de mil voces, que el Dios que adoro
puso en el centro de todo como un eco sonoro.

Además, he pasado puramente los días malos,
y sé de dónde vengo, si ignoro a dónde voy.
La tormenta de las facciones con su viento de llama
sin alterarla ha agitado mi alma.
Nada inmundo en mi corazón, ningún limo impuro
que espere solo un viento para perturbar su azur.
Después de haber cantado, escucho y contemplo,
al emperador caído levantando en la sombra un templo,
amante de la libertad por sus frutos, por sus flores,
el trono por su derecho, el rey por sus desdichas;
finalmente fiel a la sangre que han vertido en mi vena
mi padre viejo soldado, mi madre vendeano.

QUIENQUIERA QUE FUERES, ÓYEME

Quienquiera que fueres, óyeme:
si con ávidas miradas
nunca tú a la luz del véspero
has seguido las pisadas,
el andar süave y rítmico
de una celeste visión;

O tal vez un velo cándido,
cual meteoro esplendente,
que pasa, y en sombras fúnebres
ocúltase de repente,
dejando de luz purísima
un rastro en el corazón;

Si sólo porque en imágenes
te la reveló el poeta,
la dicha conoces íntima,
la felicidad secreta,
del que árbitro se alza único
de otro enamorado ser;

Del que más nocturnas lámparas
no ve, ni otros soles claros,
ni lleva en revuelto piélago
más luz de estrellas ni faros
que aquella que vierten mágica
los ojos de una mujer;

Si el fin de sarao espléndido
nunca tú aguardaste afuera,
embozado, mudo, tétrico
mientras en la alta vidriera

reflejos se cruzan pálidos
del voluptuoso vaivén),

Para ver si como ráfaga
luminosa a la salida,
con un sonreír benévolo
te vuelve esperanza y vida
joven beldad de ojos lánguidos,
orlada en flores la sien.

Si celoso tú y colérico
no has visto una blanca mano
usurpada, en fiesta pública,
por la de galán profano,
y el seno que adoras, próximo
a otro pecho, palpitar;

Ni has devorado los ímpetus
de reconcentrada ira,
rodar viendo el valse impúdico
que deshoja, mientras gira
en vertiginoso círculo,
flores y niñas al par;

Si con la luz del crepúsculo
no has bajado las colinas,
henchida sintiendo el ánima
de emociones mil divinas,
ni a lo largo de los álamos
grato el pasear te fue;

Si en tanto que en la alta bóveda
un astro y otro relumbra,
dos corazones simpáticos

no gozasteis la penumbra,
hablando palabras místicas,
baja la voz, tardo el pie;

Si nunca al roce magnético
temblaste de ángel soñado;
si nunca un Te amo dulcísimo,
tímidamente exhalado,
quedó sonando en tu espíritu
cual perenne vibración;

Si no has mirado con lástima
al hombre sediento de oro,
para el que en vano munífico
brinda el amor su tesoro,
y de regio cetro y púrpura
no tuviste compasión;

Si en medio de noche lóbrega
cuando todo duerme y calla,
y ella goza sueño plácido,
contigo mismo en batalla
no te desataste en lágrimas
con un despecho infantil;

Si enloquecido o sonámbulo
no la has llamado mil veces,
quizá mezclando frenético
las blasfemias a las preces,
también a la muerte, mísero,
invocando veces mil;

Si una mirada benéfica
no has sentido que desciende

a tu seno, como súbito
lampo que las sombras hiende
y ver nos hace beatífica
región de serena luz;

O tal vez el ceño gélido
sufriendo de la que adoras,
no desfalleciste exánime,
misterios de amor ignoras;
ni tú has probado sus éxtasis
ni tú has llevado su cruz.

QUIEN NO AMA NO VIVE

Quienquiera que fueres, óyeme:
si con ávidas miradas
nunca tú a la luz del véspero
has seguido las pisadas,
el andar süave y rítmico
de una celeste visión;

O tal vez un velo cándido,
cual meteoro esplendente,
que pasa, y en sombras fúnebres
ocúltase de repente,
dejando de luz purísima
un rastro en el corazón;

Si sólo porque en imágenes
te la reveló el poeta,
la dicha conoces íntima,
la felicidad secreta,
del que árbitro se alza único
de otro enamorado ser;

Del que más nocturnas lámparas
no ve, ni otros soles claros,
ni lleva en revuelto piélago
más luz de estrellas ni faros
que aquella que vierten mágica
los ojos de una mujer;

Si el fin de sarao espléndido
nunca tú aguardaste afuera,
embozado, mudo, tétrico
mientras en la alta vidriera
reflejos se cruzan pálidos
del voluptuoso vaivén),

Para ver si como ráfaga
luminosa a la salida,
con un sonreír benévolo
te vuelve esperanza y vida
joven beldad de ojos lánguidos,
orlada en flores la sien.

Si celoso tú y colérico
no has visto una blanca mano
usurpada, en fiesta pública,
por la de galán profano,
y el seno que adoras, próximo
a otro pecho, palpitar;

Ni has devorado los ímpetus
de reconcentrada ira,
rodar viendo el valse impúdico
que deshoja, mientras gira
en vertiginoso círculo,

flores y niñas al par;

Si con la luz del crepúsculo
no has bajado las colinas,
henchida sintiendo el ánima
de emociones mil divinas,
ni a lo largo de los álamos
grato el pasear te fue;

Si en tanto que en la alta bóveda
un astro y otro relumbra,
dos corazones simpáticos
no gozasteis la penumbra,
hablando palabras místicas,
baja la voz, tardo el pie;

Si nunca al roce magnético
temblaste de ángel soñado;
si nunca un Te amo dulcísimo,
tímidamente exhalado,
quedó sonando en tu espíritu
cual perenne vibración;

Si no has mirado con lástima
al hombre sediento de oro,
para el que en vano munífico
brinda el amor su tesoro,
y de regio cetro y púrpura
no tuviste compasión;

Si en medio de noche lóbrega
cuando todo duerme y calla,
y ella goza sueño plácido,

contigo mismo en batalla
no te desataste en lágrimas
con un despecho infantil;

Si enloquecido o sonámbulo
no la has llamado mil veces,
quizá mezclando frenético
las blasfemias a las preces,
también a la muerte, mísero,
invocando veces mil;

Si una mirada benéfica
no has sentido que desciende
a tu seno, como súbito
lampo que las sombras hiende
y ver nos hace beatífica
región de serena luz;

O tal vez el ceño gélido
sufriendo de la que adoras,
no desfalleciste exánime,
misterios de amor ignoras;
ni tú has probado sus éxtasis
ni tú has llevado su cruz.

PUESTO QUE APLIQUÉ MIS LABIOS A TU COPA LLENA AÚN

Puesto que apliqué mis labios a tu copa llena aún,
y puse entre tus manos mi pálida frente;
puesto que alguna vez pude respirar el dulce aliento
de tu alma, perfume escondido en la sombra.

Puesto que me fue concedido escuchar de ti

las palabras en que se derrama el corazón misterioso;
ya que he visto llorar, ya que he visto sonreír,
tu boca sobre mi boca, tus ojos en mis ojos.

Ya que he visto brillar sobre mi cabeza ilusionada
un rayo de tu estrella, ¡ay!, siempre velada.
Ya que he visto caer en las ondas de mi vida
un pétalo de rosa arrancado a tus días,

puedo decir ahora a los veloces años:
¡Pasad! ¡Seguid pasando! ¡Yo no envejeceré más!
Idos todos con todas nuestras flores marchitas,
tengo en mi álbum una flor que nadie puede cortar.

vuestras alas, al rozarlo, no podrán derramar
el vaso en que ahora bebo y que tengo bien lleno.
Mi alma tiene más fuego que vosotros ceniza.
Mi corazón tiene más amor que vosotros olvido.

PLENITUD

Puesto que apliqué mis labios a tu copa llena aún,
y puse entre tus manos mi pálida frente;
puesto que alguna vez pude respirar el dulce aliento
de tu alma, perfume escondido en la sombra.

Puesto que me fue concedido escuchar de ti
las palabras en que se derrama el corazón misterioso;
ya que he visto llorar, ya que he visto sonreír,
tu boca sobre mi boca, tus ojos en mis ojos.

Ya que he visto brillar sobre mi cabeza ilusionada

un rayo de tu estrella, ¡ay!, siempre velada.
Ya que he visto caer en las ondas de mi vida
un pétalo de rosa arrancado a tus días,

puedo decir ahora a los veloces años:
¡Pasad! ¡Seguid pasando! ¡Yo no envejeceré más!
Idos todos con todas nuestras flores marchitas,
tengo en mi álbum una flor que nadie puede cortar.

vuestras alas, al rozarlo, no podrán derramar
el vaso en que ahora bebo y que tengo bien lleno.
Mi alma tiene más fuego que vosotros ceniza.
Mi corazón tiene más amor que vosotros olvido.

¡Ay!, ¡cuántos capitanes y cuántos marineros
que buscaron, alegres, distantes derroteros,
se eclipsaron un día tras el confín lejano!
Cuántos ¡ay!, se perdieron, dura y triste fortuna,
en este mar sin fondo, entre sombras sin luna,
y hoy duermen para siempre bajo el ciego oceano.

¡Cuántos pilotos muertos con sus tripulaciones!
La hojas de sus vidas robaron los tifones
y esparciolas un soplo en las ondas gigantes.
Nadie sabrá su muerte en este abismo amargo.
Al pasar, cada ola de un botín se hizo cargo:
una cogió el esquife y otra los tripulantes.

Se ignora vuestra suerte, oh cabezas perdidas
que rodáis por las negras regiones escondidas
golpeando vuestras frentes contra escollos ignotos.
¡Cuántos padres vivían de un sueño solamente
y en las playas murieron esperando al ausente
que no regresó nunca de los mares remotos!

En las veladas hablan a veces de vosotros.
Sentados en las anclas, unos fuman y otros
enlazan vuestros nombres -ya de sombra cubierta-
a risas, a canciones, a historias divertidas,
o a los besos robados a vuestras prometidas,
¡mientras dormís vosotros entre las algas yertos!

Preguntan: «¿Dónde se hallan? ¿Triunfaron? ¿Son felices?
¿Nos dejaron por otros más fértiles países?»
Después, vuestro recuerdo mismo queda perdido.
Se traga el mar el cuerpo y el nombre la memoria.
Sombras sobre las sombras acumula la historia
y sobre el negro océano se extiende el negro olvido.

Pronto queda el recuerdo totalmente borrado.
¿No tiene uno su barca, no tiene otro su arado?
Tan sólo vuestras viudas, en noches de ciclones,
aún hablan de vosotros-ya de esperar cansadas-
moviendo así las tristes cenizas apagadas
de sus hogares muertos y de sus corazones.

Y cuando al fin la tumba los párpados les cierra,
nada os recuerda, nada, ni una piedra en la tierra
del cementerio aldeano donde el eco responde,
ni un ciprés amarillo que el otoño marchita,
ni la canción monótona que un mendigo musita
bajo un puente ya en ruinas que su dolor esconde.

¿En dónde están los náufragos de las noches oscuras?
¡Sabéis vosotras, ¡olas! , siniestras aventuras,
olas que en vano imploran las madres de rodillas!
¡Las contáis cuando avanza la marea ascendente
y esto es lo que os da aquella voz amarga y doliente

con que lloráis de noche golpeando en las orillas!

¡NUNCA INSULTEN A LA MUJER CAÍDA!

¡Nunca insulten a la mujer caída!
Nadie sabe qué peso la agobió,
ni cuántas luchas soportó en la vida,
¡hasta que al fin cayó!

¿Quién no ha visto mujeres sin aliento
asirse con afán a la virtud,
y resistir del vicio el duro viento
con serena actitud?

Gota de agua pendiente de una rama
que el viento agita y hace estremecer;
¡perla que el cáliz de la flor derrama,
y que es lodo al caer!

Pero aún puede la gota peregrina
su perdida pureza recobrar,
y resurgir del polvo, cristalina,
y ante la luz brillar.

Dejen amar a la mujer caída,
dejen al polvo su vital calor,
porque todo recobra nueva vida
con la luz y el amor.

NACE EL ALBA Y TU PUERTA ESTÁ CERRADA

Nace el alba y tu puerta está cerrada
Hermosa mía, ¿a qué dormir?
¿Si se despierta la rosa,

no vas a despertar tú?

Mi lindo encanto
escucha ya,
a tu amante que canta
y también llora.

Todo llama a tu puerta bendita.
Dice la aurora: «yo soy el día.»
Dice el pájaro: «yo la armonía.»
Y mi corazón: «yo el amor.»

Mi lindo encanto
escucha ya,
a tu amante que canta
y también llora.

Te adoro, ángel, te amo mujer
Dios que me completó contigo
creó mi amor para tu alma.
Y mis ojos para tu belleza.

TEATRO

HERNANI

PERSONAJES HERNANI

D. CARLOS.

D. RUY GÓMEZ DE SILVA.

Dª SOL DE SILVA.

EL REY DE BOHEMIA.

EL DUQUE DE BAVIERA.

EL DUQUE DE GOTHA.

EL BARÓN DE HOHEMBURGO.

EL DUQUE DE LUTZELBURGO.

YÁGUEZ.

D. SANCHO.

D. MATÍAS.

D. RICARDO.

D. GARCI SUÁREZ.

D. FRANCISCO.

D. JUAN DE HARO.

D. PEDRO GUZMÁN DE LARA.

D. GIL TÉLLEZ GIRÓN.

D. JOSEFA DUARTE.

UN MONTAÑÉS – UNA DAMA – TRES CONJURADOS – CONJURADOS DE LA LIGA SACROSANTA – ALEMANES Y ESPAÑOLES – MONTAÑESES – SEÑORES – SOLDADOS – PUEBLO – Pajes – ETC.

ACTO PRIMERO

El Rey

En Zaragoza

Cuarto dormitorio. Es de noche. Hay una lámpara sobre una mesa.

Escena Primera

DOÑA JOSEFA DUARTE, vieja, vestida de negro, con adornos de azabache a lo Isabel la Católica. D. CARLOS. (Llaman, dando un golpe a una puertecita secreta a la derecha. La dueña, que está cosiendo una cortina carmesí, escucha. Dan un segundo golpe.)

DOÑA JOSEFA: ¿Será él ya? (Otro golpe.) Llaman en la escalera secreta; voy a abrir.

Abre y entra D. CARLOS arrebujado hasta los ojos y con el sombrero calado.

—Tenga buenas noches, caballero.

D. CARLOS se desemboza y se ve que lleva un rico traje de terciopelo de la moda castellana de 1519. La vieja retrocede con espanto.

—¡Ah! ¡No sos Hernani! ¡Dios mío! ¡Socorro!

D. CARLOS: (Asiéndola por el brazo.) Si pronunciás una sola palabra más, morís. Decime, ¿estoy en el aposento de doña Sol, prometida del duque de Pastrana, su tío, señor tan venerable como celoso? ¿La hermosa joven ama a un caballero imberbe, que recibe todas las noches, admitiendo tras él también al viejo? ¿Estoy bien informado? Contestá.

JOSEFA: Me acabás de prohibir hablar bajo pena de muerte.

D. CARLOS: Sólo quiero que me contestés sí o no a lo que te pregunte. ¿Es tu señora doña Sol de Silva?

JOSEFA: Sí.

D. CARLOS: ¿El duque, su futuro esposo, está ahora fuera de su casa?

JOSEFA: Sí.

D. CARLOS: ¿Espera tu señora al joven galán?

JOSEFA: Sí.

D. CARLOS. (Era verdad.) ¿Se ven aquí mismo?

JOSEFA: Sí.

D. CARLOS: Pues ocultame en seguida.

JOSEFA: ¡A vos!

D. CARLOS: A mí.

JOSEFA: ¿Para qué?

D. CARLOS: Porque deseo esconderme.

JOSEFA: ¡Aquí! Jamás.

D. CARLOS: (Saca un bolsillo y un puñal y dice.) Escogé.

JOSEFA: (Escogiendo el bolsillo.) ¡Sos un diablo!

D. CARLOS: No te equivocás.

JOSEFA: (Abriendo un estrecho armario simulado en la pared.) Entrad aquí.

D. CARLOS: ¿En esa caja?

JOSEFA: No tengo sitio mejor.

D. CARLOS: (Examinando el escondrijo.) (¿Será esto la covacha de la escoba en que cabalga esta bruja?) (Introduciéndose con dificultad.) ¡Uf!

JOSEFA: (Juntando las manos escandalizada.) ¡Un hombre en esta habitación!

D. CARLOS: ¿Es acaso, mujer, el galán que espera tu ama?

JOSEFA: ¡Oh Dios! Oigo sus pasos. Señor, cerrá pronto ese armario.

D. CARLOS: Si me delatás, contate con los difuntos. (Cierra el armario.)

JOSEFA: ¿Quién será este hombre? Yo voy a llamar… pero, ¿a quién? Todos duermen en la casa, excepto nosotras dos. El otro va a llegar y a él le interesa esto, y tiene buena espada. (Pesando el bolsillo.) Después de todo no debe ser ningún ladrón. (Esconde el bolsillo al ver que viene DOÑA SOL.)

Escena II
Dicha, D. CARLOS oculto, DOÑA SOL, luego HERNANI

SOL: ¡Josefa!

JOSEFA: ¡Señora!

SOL: ¡Ah! Temo que haya sucedido una desgracia.

JOSEFA: ¿Por qué?

SOL: Porque Hernani debía estar ya aquí. (Óyense pasos por la puerta secreta.)

JOSEFA: Ya viene.

SOL: Abrí antes que llame.

La dueña abre la puerta y entra HERNANI, que viene con capa y sombrero. Debajo de la capa viste el traje de los montañeses de Aragón, de paño pardo, con coraza de cuero. Lleva en el cinto un puñal, una espada y un cuerno de caza.

SOL: ¡Hernani! (Corriendo hacia él.)

HERNANI: ¡Doña Sol! ¡Por fin te veo y me habla tu voz! ¿Por qué la suerte nos ha separado tanto? ¡Tengo tanta necesidad de verte para olvidar a los demás!…

SOL: ¡Qué mojado vení! ¿Llueve mucho?

HERNANI: No lo sé.

SOL: ¡Debés tener frío!

HERNANI: No.

SOL: Quítate la capa.

HERNANI: ¡Sol de mi vida!, decime; cuando inocente y tranquila dormís por la noche y el sueño plácido entorna tus ojos y entreabre las rosas de tus labios, ¿no te dice tu ángel lo dulce que es tu cariño para el infeliz a quien todos abandonan y rechazan?

SOL: ¡Ah!… ¡Pero has tardado mucho! Sé franco y decime si tenés frío.

HERNANI: ¡Frío a tu lado! Cuando el amor celoso hierve en la cabeza y en el corazón agita sus tempestades, ¿qué nos importa que las nubes del cielo nos lancen agua o relámpagos?

SOL: Dame, dame la capa y la espada. (DOÑA SOL le quita la capa.)

HERNANI: (Llevando la mano al pomo de la espada.) No, ésta no; es otra amiga inocente y fiel. ¿Está ausente de casa tu tío y futuro esposo?

SOL: Sí; podemos disponer de una hora.

HERNANI: ¡Una hora nada más! ¡Y cuando ésta transcurra ángel mío, es preciso olvidar o morir! ¡Pasar con vos sólo una hora el que quisiera pasar contigo la vida y después la eternidad!

SOL: ¡Hernani!…

HERNANI: (Con amargura.) Soy feliz cuando el duque no está en casa; y como el ladrón que tiembla cuando fuerza una puerta, así entro a verte y robo al anciano una hora de su dicha. ¡Me creo feliz, y él sentiría que le robase yo una hora, cuando él me roba a mí la vida!

SOL: Cálmate. (Entregando la capa a la dueña.) Josefa; ponela a secar. (Haciendo a HERNANI unas señas mientras que la dueña se va.) Acercate a mí.

HERNANI: Pero, ¿el duque está ausente?

SOL: Sí, bien mío. No pienses más en él.

HERNANI: ¡No he de pensar en él si va a ser tu futuro esposo! ¡Te besó el otro día y quieres que le aparte de mi memoria!

SOL: No debe tenerte intranquilo un beso paternal.

HERNANI: Te besó como amante, como marido, como celoso, como hombre a quien debes pertenecer. Es un viejo insensato, que al pie del sepulcro y al terminar su vital jornada necesita una mujer, y siendo un frío espectro quiere unirse a una joven, no viendo que, mientras que con una mano agarra la tuya, la muerte se apodera de su otra mano. Temerariamente ha venido a colocarse entre nosotros. ¿Quién te obliga a semejante matrimonio?

SOL: El rey lo dispone así.

HERNANI: ¡El rey! Mi padre murió en el cadalso, condenado por el suyo, y aunque mi odio hacia él envejeció después de aquella inmolación, para el hijo de aquel rey mi odio siempre es joven; y desde mi tierna edad juré vengar en el hijo la muerte de mi padre. Por todas partes busco al rey de ambas Castillas, porque es eterno el odio que nos profesamos mi familia y la suya. Nuestros padres han combatido durante treinta años sin compasión y sin remordimiento contra esa raza real, y aunque mis padres han muerto, su odio vive en mí. ¡Y el rey es el que forja ese execrable himeneo! Tanto mejor. Le buscaba y él se me aparece en mi camino.

SOL: ¡Me aterrás!

HERNANI: Voy cargado con el peso de un anatema, que hasta a mí mismo me espanta. Escuchame, doña Sol: el hombre a quien el rey te destina, Ruy de Silva, tu tío, es duque de Pastrana, rico hombre de Aragón, conde y grande de España. A falta de juventud, puede proporcionarte tanto oro y tantas joyas, que podrá relucir tu cabeza entre las cabezas reales y podrás excitar la envidia hasta de las reinas. En cambio, yo soy pobre, y desde mi niñez no poseo más que los bosques y las montañas; quizá pudiera ostentar algún ilustre blasón, que hoy deslustra una mancha de sangre; acaso poseo derechos que yacen en la oscuridad cubiertos con el paño negro del patíbulo, y si mi esperanza no es falaz, acaso un día pueda hacer brillar mi espada; pero hasta ahora sólo he recibido del cielo el don común a todos los mortales; el aire, la luz y el agua. Pero ha llegado la ocasión en que te libres del duque o de mí; elige entre los dos: o ser su esposa o seguirme.

SOL: Te seguiré.

HERNANI: Si me seguís, has de vivir entre mis rudos compañeros, que están proscriptos como yo y que el verdugo ya conoce; hombres de corazón y de hierro, que nunca se enmohecen, que tienen agravios que vengar, y tendrás que ser la reina de mi banda, porque yo sólo soy un bandido. Cuando me perseguían en ambas Castillas, solo y huyendo por bosques y montañas, tuve que buscar asilo seguro, y Cataluña me acogió como una madre. Crecí entre sus montañeses, pobres, pero altivos y libres, y cobré tal crédito entre ellos, que mañana, si hago resonar esta bocina, acudirán a ayudarme en son de guerra tres mil bravos montañeses. ¡Te estremecés! Te doy tiempo para que reflexionés lo que debés hacer. Pensá que si me seguís será tu suerte errar conmigo por bosques, montes y arenales, y entre hombres parecidos a los demonios de tus sueños pavorosos; recelar de todo, de las miradas, de las palabras, de los pasos, de los ruidos; oír silbar las balas de los mosquetes amenazando vidas y anunciando muertes; vivir proscripta y errante como yo, y acaso, seguirme donde yo seguiré a mi padre; a la horca.

SOL: Te seguiré.

HERNANI: El duque es rico, honrado y grande de España; conserva limpio el escudo de su familia, tiene gran influencia en la corte, y al entregarte la mano, te entrega con ella tesoros, títulos, felicidad…

SOL: Partiremos mañana. No debe chocarte mi extraña audacia. No sé si eres mi demonio o mi ángel; sólo sé que soy tu esclava. Ve donde querrás; iré con vos; que te quedés o que partás, seré tuya. ¿Por qué obro así? Yo misma lo ignoro. Conozco que tengo necesidad de verte, de verte a todas horas y siempre. Cuando se aleja de mí el ruido de tus pasos, creo que mi corazón deja de latir; me faltas tú, y creo que yo estoy ausente de mí misma; pero cuando vuelvo a oír el ruido de tus pasos, recuerdo que existo, y siento que vuelve a mí el alma fugitiva.

HERNANI: (Estrechándola en sus brazos.)- ¡Ángel mío!

SOL: Te espero mañana a la medianoche. Vení con tu gente y colocate debajo de mi ventana; da tres palmadas y… verás si soy brava y decidida.

HERNANI: ¡Pero vos no sabés quién soy yo!

SOL: Ni me importa. De todos modos te seguiré.

HERNANI: Ya que querés seguirme, es preciso que sepás el nombre, el título, el alma y el destino que oculta el pastor Hernani. Amabas a un bandido; ¿amarás también a un proscripto?

D. CARLOS: (Abriendo bruscamente la puerta del armario.) ¿Acabarás de referir vuestra historia? ¿Creés que se está cómodamente en este escondrijo?

HERNANI retrocede asombrado. DOÑA SOL lanza un grito y se refugia en brazos de éste, mirando espantada a D. CARLOS.

HERNANI: (Echando mano a la espada.) ¿Quién es ese hombre?

SOL: ¡Cielos! ¡Socorro!

HERNANI: ¡Silencio, doña Sol! Cuando esté yo a tu lado, suceda lo que suceda, no tienes que reclamar más defensa que la mía. (A D. CARLOS.) ¿Qué hacías ahí?

D. CARLOS: ¿Qué hacía? Me parece que no cabalgaba por ningún bosque.

HERNANI: El que se chancea después de la afrenta, se expone también a hacer reír a su heredero.

D. CARLOS: A cada cual le llega su turno. Señor mío, hablemos claro. Vos amás a doña Sol y venís todas las noches a mirarte en el espejo de sus ojos. Me parece bien, pero yo también amo a doña Sol y deseo conocer al que he visto muchas veces penetrar por la ventana, mientras yo permanecía en la puerta.

HERNANI: Te juro, pues, que te he de hacer salir por donde yo entro.

D. CARLOS: Eso lo veremos. Ofrezco mi cariño a esta dama, y podemos partírlo si querés. Comprendo que abriga su alma tal tesoro de ternura y de bondad, que seguramente será suficiente para saciarnos a los dos. Queriendo averiguar, en fin, esta noche lo que tanto me empeñaba, me sorprendiste y me escondí aquí para escucharte. Pero oía muy mal y me ahogaba muy bien, y además, me chafaba toda la ropa…, por eso salgo.

HERNANI: Mi daga tampoco está bien en la funda y rabia por salir al aire libre.

D. CARLOS: Como querrás, caballero.

HERNANI: (Sacando la espada.)- En guardia, pues.

D. CARLOS: (Sacando también la suya.)- Pues en guardia.

SOL: (Interponiéndose.)- ¡Dios mío! ¡Hernani!

D. CARLOS: Tranquilícese, señora.

HERNANI: Dígame su nombre. (A D. CARLOS.)

D. CARLOS: Dígame antes el suyo.

HERNANI: Es un secreto fatal que me callo para revelárselo un día a un hombre, el día que mis plantas vencedoras le pisen y mi espada penetre en su corazón.

D. CARLOS: ¿Cómo se llama ese otro hombre?

HERNANI: No nos importa. Defiéndase.

Cruzan las espadas; DOÑA SOL cae desfallecida en un sillón. Al mismo tiempo llaman a la puerta y la dama se levanta sobresaltada.

SOL: ¡Cielos! ¡Llaman a la puerta!

Cesa el combate. Sale DOÑA JOSEFA por la puerta secreta.

HERNANI: ¿Quién es el que llama?

JOSEFA: ¡Qué conflicto, Dios mío! ¡Es el duque!

SOL: ¡El duque! ¡Estoy perdida!

JOSEFA: ¡El desconocido! ¡Los dos con las espadas desnudas! ¡Se estaban batiendo!

Los dos adversarios envainan los aceros. D. CARLOS se cala el sombrero y se emboza hasta los ojos. Siguen llamando.

HERNANI: ¿Qué hacemos?

UNA VOZ FUERA: ¡Doña Sol, ábreme!

La dueña va a abrir y HERNANI la detiene.

HERNANI: No abrás.

JOSEFA. (Sacando el rosario.)- ¡Santiago Apóstol, sáquenos de este apuro!

Siguen llamando.

HERNANI. (A D. CARLOS.) – Ocultémonos allí.
D. CARLOS: ¿En el armario?
HERNANI: Entrá, que yo me encargo de que quepamos los dos.
D. CARLOS: Gracias, se está ahí demasiado bien.
HERNANI: Huyamos, pues, por allí. (Indicando la puerta secreta.)
D. CARLOS: Huí vos; yo aquí me quedo.
HERNANI: ¡Vive Dios que me pagarás cara esta jugada!
D. CARLOS: Abrí la puerta. (A JOSEFA.)
HERNANI: ¡Qué decís!
D. CARLOS: Te ordeno que abrás.

Siguen llamando; la dueña abre temblando.

SOL: ¡Estoy muerta!

Escena III
Los mismos, D. RUY GÓMEZ DE SILVA. (Barba y cabellos blancos, traje negro.) Criados con antorchas.

RUY: ¡Dos hombres en el cuarto de mi sobrina y a estas horas! Vengan todos aquí, que esto vale la pena de verlo. Doña Sol, creo que tres hombres somos demasiado en mi casa. ¿Qué hacen aquí estos caballeros? En tiempos del Cid y de Bernardo, iban ambos por España honrando ancianos, y protegiendo doncellas; eran hombres gigantes y fuertes, a los que pesaba menos el hierro de sus armaduras que a ustedes el terciopelo de sus trajes; respetaban las canas, santificaban sus amores en la iglesia, no hacían traición a nadie y conservaban el honor de su prosapia. Si deseaban casarse, tomaban a la mujer a la luz clara del día, tomábanla sin tacha, con la espada, el hacha o la lanza en la mano. Pero a estos felones, que cometen sus fechorías durante la noche, y que a espaldas de los esposos roban el honor de las mujeres, el Cid, nuestro ilustre abuelo, los hubiera creído viles, los hubiera hecho ponerse de rodillas, y por haber degradado la nobleza, hubiera abofeteado sus blasones con la vaina de su espada. Eso harían los hombres de otros tiempos con los hombres de ahora. ¿Qué han venido a hacer aquí? ¿Creen que sólo soy un viejo que he de servir de risa a los jóvenes? ¿Se van a reír de mí, que he sido antiguo soldado de Zamora y que he encanecido en la guerra? Ustedes indudablemente no se reirán.

HERNANI: Señor duque…

RUY: ¡Silencio! Disponen de toda clase de armas, gozan de jaurías y de festines, de las danzas y de todos los placeres de la juventud, y les falta un juguete, y por juguete quieren tomar a un infeliz anciano. Rómpanlo, pues; pero plegue a Dios que no les salten las astillas a la cara. Síganme.

HERNANI: Señor duque…

RUY: ¡Síganme! No es esto cosa de risa; tengo en mi casa un tesoro, que es el honor de una doncella, que es el honor de toda una familia; esta joven, a quien yo amo, es mi sobrina, y dentro de poco será mi esposa. La creo casta y pura, pero veo que no puedo abandonar mi hogar ni una sola hora sin que un ladrón de honras se deslice en él. ¿Quieren algo más de mí? (Se arranca el collar.) Tomen, pisoteen mi Toisón de Oro. (Se quita y arroja al suelo el sombrero.) Deshonren mis canas, y podrán vanagloriarse mañana en la ciudad de que son dos jóvenes insolentes y disolutos, que habrán empañado la frente pura de un anciano.

SOL: ¡Ah! Señor…

RUY: ¡Escuderos! ¡Escuderos! ¡Vengan aquí! Tráiganme el hacha, el puñal y la daga de Toledo. Ustedes dos síganme.

D. CARLOS. (Dando un paso.)- Duque, no se trata ahora precisamente de eso. Ante todo hay que tratar de la muerte de Maximiliano, emperador de Alemania.

RUY: ¡Se burlan de mí!

D. CARLOS, desembozándose y quitándose el sombrero.

RUY: ¡Santo Dios, el rey!

SOL: ¡El rey!

HERNANI: ¡El rey de España!

D. CARLOS: Sí; Carlos I. Mi augusto abuelo, el emperador, ha muerto, según he sabido esta misma noche, y vine a participarte sin demora esta noticia, a ti, mi leal súbdito, y a pedirte consejo, de noche y de incógnito.

RUY GÓMEZ despide a sus criados haciendo una señal y se acerca al rey, al que DOÑA SOL examina con sorpresa y con temor, mientras HERNANI permanece aislado mirándole con ojos chispeantes.

RUY: ¿Por qué tardar tanto en abrirme la puerta?

D. CARLOS: Venías demasiado acompañado… Cuando un secreto de Estado me trae a tu palacio, no es para comunicárselo a tus servidores.

RUY: Perdone, señor. Las apariencias…

D. CARLOS: Basta. No hablemos ya de esto.

RUY: ¡Ha muerto su augusto abuelo!

D. CARLOS: Su muerte me ha sumido en la tristeza y en la inquietud.

RUY: ¿Quién va a heredar su corona?

D. CARLOS: La pretende el duque de Sajonia, y Francisco I de Francia es otro de los pretendientes.

RUY: ¿Dónde se reunirán los electores del imperio?

D. CARLOS: En Aix-la-Chapelle, en Spira o en Francfort.

RUY: ¿Nuestro rey y señor, que Dios guarde, no ha pensado nunca en el imperio?

D. CARLOS: Siempre.

RUY: A usted solo os corresponde.

D. CARLOS: Lo sé.

RUY: Su augusto padre fue archiduque de Austria, y el imperio tendrá presente que era abuelo suyo el que acaba de morir.

D. CARLOS: Además soy ciudadano de Gante.

RUY: En mis años juveniles tuve el honor de ver a vuestro ilustre abuelo; yo soy el único que sobrevivo de todo un siglo; han muerto ya todos los que en él vivieron. Era un emperador magnífico y poderoso.

D. CARLOS: Roma se decide por mí.

RUY: Era valiente sin ser tirano; la corona le sentaba muy bien. (Se inclina y besa la mano a D. CARLOS.) ¡Os compadezco, señor!

D. CARLOS: El Papa desea recobrar la Sicilia, pero el emperador no puede poseer la Sicilia, y si me elige, hijo dócil, le devolveré a Nápoles. Poseamos el águila, que después… ya veremos si le dejaré roer los alones.

RUY: Con gran alegría vería el veterano del trono ceñir su corona a su ilustre nieto. ¡Con qué júbilo lo presenciaría si viviese!

D. CARLOS: El Padre Santo es hábil. ¿Qué significa la Sicilia? Es una isla que cuelga de mi reino, un jirón que apenas conviene a España. Por eso me pregunta: «¿Qué harías, hijo mío, de esa isla atada al cabo de un hilo? Tu imperio está mal construido; dame unas tijeras y cortemos.» Gracias, Santísimo Padre, porque de esos jirones, si me ayuda la fortuna, he de coser más de uno al sacro imperio, y si me arrancaran algunos, remendaría mis Estados con otros ducados y con otras islas.

RUY: Consólose, señor; en el imperio de la justicia, los muertos aparecen más santos y más augustos.

D. CARLOS: El rey Francisco I es un ambicioso, y en cuanto ha muerto el emperador ha alzado la vista hasta el imperio. ¿No posee a la Francia cristianísima? Como la herencia es pingüe, no es extraño que la codicie. Decía al rey Luis el emperador mi abuelo: «Si yo fuera Dios Padre y tuviese dos hijos, haría Dios al primogénito y al segundo rey de Francia.» ¿Crees que Francisco pueda tener algunas esperanzas?

RUY: Es un rey victorioso.

D. CARLOS: Pero para conseguirlo era preciso burlar las leyes. La Bula de Oro prohíbe que sea elegido un extranjero.

RUY: Entonces, señor, usted es el rey de España.

D. CARLOS: Pero soy ciudadano de Gante.

RUY: La última campaña ha encumbrado mucho al rey Francisco.

D. CARLOS: El águila que va a brotar de mi cimera puede también desplegar las alas.

RUY: ¿Su alteza sabe latín?

D. CARLOS: Mal.

RUY: Pues es una lástima, porque a la nobleza alemana le gusta que la hablen en latín.

D. CARLOS: Se tendrán que contentar con un castellano altivo, porque, creáme, duque, cuando la voz habla alto, poco importa la lengua en que hable. Voy a Flandes, y deseo, mi querido Silva, volver a España emperador. El rey de Francia lo removerá todo, por lo que debo anticiparme y partir en seguida.

RUY: ¿Nos deja, señor, sin purgar antes a Aragón de esos bandidos que al abrigo de sus montañas levantan la atrevida frente?

D. CARLOS: Ya he dispuesto que el duque de Arcos acabe con ellos.

RUY: ¿Pero has dado también la orden al capitán de la gavilla de que se deje exterminar?

D. CARLOS: ¿Quién es ese bandido? ¿Cómo se llama?

RUY: Lo ignoro, pero dicen que es muy audaz.

D. CARLOS: Sólo sé que ahora se oculta en Galicia. Ya enviaré alguna fuerza para que se apodere de él.

RUY: Pues falsas noticias creen que está aquí.

D. CARLOS: Serán falsas… Esta noche me hospedo en tu casa.

RUY: Me dispensa, señor, inmerecida honra. Honre todos al rey mi huésped.

El duque hace formar en dos filas a los criados que llevan las antorchas hasta la puerta del fondo. Ínterin se acerca DOÑA SOL a HERNANI. El rey los cela.

SOL: Mañana a medianoche estarás debajo de mi ventana y me llamarás dando tres palmadas.

HERNANI: Sí, mañana.

D. CARLOS: (¡Mañana!) (A DOÑA SOL con galantería.) Permítame que les ofrezca la mano para salir. (El rey la conduce hasta la puerta.)

HERNANI: (Llevando la mano al puñal.)- ¡Cuándo te usaré!

D. CARLOS: (Volviendo y acercándose a HERNANI.)- Les concedí el honor de cruzar su espada con la mía; por muchos motivos sospecho de usted, pero el rey Carlos odia la traición. Váyase, que me digno proteger su fuga.

RUY. (A D. CARLOS.): ¿Quién es ese caballero?

D. CARLOS: Es de mi séquito y se va.

Salen con los criados: el duque precede al rey, llevando en la mano una antorcha encendida.

Escena IV

HERNANI: De tu séquito soy; ¡dices bien!… ¡Voy tras de ti de día y de noche, siguiendo las huellas de tus pasos y con el puñal en la mano! Persigo a tu raza representando a la mía…, ¡y ahora descubro que eres mi rival!… Estuve un instante indeciso entre amar y aborrecer. Mi corazón no era bastante capaz para abrigarla a ella y a ti; amándola, olvidé el odio que te profeso; ¡pero has venido a recordármelo, y el amor, que inclinaba la incierta balanza, la hace caer por la parte del odio! Has dicho bien; ¡soy de tu séquito! Ninguno de los cortesanos que te lamen las manos y que te besan los pies te seguirá tan tenaz ni tan asiduamente como yo: los cortesanos van tras de ti por cosas baladíes, por juguetes de relumbrón, y yo voy para arrancarte el alma del cuerpo y para hacerte saltar la sangre de las venas. Ve andando, que yo te seguiré. Me acompaña. la venganza, hablándome al oído; espío, escucho y sigilosamente sigo tus huellas; te persigo. De día no podrás, ¡oh rey!, volver la cabeza sin verme inmóvil y sombrío turbar volverás tampoco sin tus solemnidades, y de noche no la volverás tampoco sin encontrar fijos en ti mis ojos fulgurantes.

FIN DEL ACTO PRIMERO

ACTO SEGUNDO

El Bandido

En Zaragoza

Patio en el palacio del duque de Silva. A la izquierda se ven las altas paredes del Palacio, en las que hay un balcón; bajo de él una puerta pequeña. A la derecha, y en el fondo, casas y calles. Es de noche. En las fachadas de algunos edificios hay luz en varias ventanas.

Escena Primera

D. CARLOS, D. SANCHO SÁNCHEZ DE ZÚÑIGA, conde de Monterrey; D. MATÍAS CENTURIÓN, marqués de Almunia, D. RICARDO DE ROJAS, señor de Casapalma.

Llega D. CARLOS seguido de los tres caballeros, que van con sombreros gachos y embozados en capas largas, que dejan ver por debajo las puntas de las espadas.

D. CARLOS: He aquí la puerta y he aquí el balcón… ¡Me hierve la sangre! ¡Hay luz en todas partes menos donde yo la espero!…

D. SANCHO: Señor, volviendo a ocuparnos de este traidor, ¿cómo es que lo dejaste partir?

D. CARLOS: No quise prenderle.

SANCHO: Pues quizá era el jefe de los bandoleros.

D. CARLOS: Si lo era, no he visto nunca testa coronada tan altiva.

SANCHO: Decís que se llama…

D. CARLOS: No recuerdo bien… Su nombre termina en i.

SANCHO: ¿Se llama Hernani?

D. CARLOS: Eso es, Hernani.

SANCHO: Pues él es.

D. MATÍAS: Es el jefe de los bandoleros.

SANCHO: ¿No recuerdas lo que decía?

D. CARLOS: No podía oír bien lo que habló, oculto en aquel maldito armario.

SANCHO: ¿Pero cómo le sueltas, teniéndole en su poder?

D. CARLOS: Conde de Monterrey, no me interrogues más. Eso no me interesa. No voy tras él, sino tras de su dama, porque estoy verdaderamente enamorado de sus hermosos ojos, que son dos espejos, dos rayos, dos soles. Del diálogo que sostuvo con ella sólo oí estas palabras: «Hasta mañana a la medianoche.» Oí lo esencial. Ahora, mientras el galán bandido se entretiene en alguna fechoría, vengo antes que él y le robo la paloma.

D. RICARDO: Hubiera sido, señor, la jugada completa robar la paloma y matar al buitre.

D. CARLOS: Excelente consejo, conde; eres muy listo.

RICARDO: Señor, ¿con qué título les place que yo sea conde?

SANCHO: Su alteza se equivocó.

RICARDO: No, el rey me ha nombrado conde.

D. CARLOS: Basta; dejé caer ese título, recógelo y en paz.

RICARDO: Gracias, señor.

El rey se pasea por el fondo, mirando con impaciencia hacia las ventanas iluminadas. Los otros hablan entre sí en el proscenio.

SANCHO. (A D. MATÍAS.): ¡Vaya un título! Ser conde por equivocación.

MATÍAS: ¿Qué hará el rey de la dama cuando se apodere de ella?

SANCHO: La nombrará condesa, después dama de honor, y cuando tenga un hijo de ella, lo hará rey.

MATÍAS: ¡Rey un bastardo! Comprendo que le haga conde, pero no que pretenda sacar un rey de una condesa.

SANCHO: Es que la ascenderá a duquesa y a todo lo que él quiera.

MATÍAS: Los bastardos se reservan para los países conquistados, de los que se les nombra virreyes; para esto es para lo que sirven.

D. CARLOS: (Mirando con cólera las ventanas iluminadas.)- ¡Vive Dios! Que esas luces que brillan en la oscuridad me parecen ojos celosos que me están espiando. ¡Qué largos son los momentos de espera! ¡Quién pudiera acelerar las horas! ¡Maldito balcón! ¿Cuándo te iluminarás? Sal pronto, doña Sol, a brillar como un astro en las tinieblas de la noche. (A D. RICARDO.) ¿Qué hora será?

RICARDO: La hora de la cita está próxima.

Se ilumina el balcón de DOÑA SOL.

D. CARLOS: ¡Ah! ¡Ve la luz en él! ¡Ve la sombra de la dama al través de los cristales! Voy a hacer la señal que espera; voy a dar las tres palmadas. Pero para que no se alarme viendo aquí tanta gente, retírese a la esquina inmediata y guardarme las espaldas. Compartamos estos amoríos; la dama para mí y el bandido para vosotros.

RICARDO: Muchas gracias, señor.

D. CARLOS: Si viene a estorbarme dadle de estocadas, que mientras yo me llevaré a la dama; pero no lo matés, que es un valiente, y no quiero cargar con el peso de la muerte de un hombre.

Los tres caballeros se inclinan y se van. D. CARLOS da tres palmadas; al sonar la última asoma DOÑA SOL al balcón, vestida de blanco y con una lámpara en la mano.

Escena II

D. CARLOS y DOÑA SOL

SOL: ¿Sos vos, Hernani?
D. CARLOS: (Me conviene no hablar.)

Vuelve a dar las tres palmadas.

SOL: Bajo al momento.

Cierra el balcón, y poco después abre la puerta pequeña que da a la calle, apareciendo en la escena con la lámpara y cubierta con un manto.

—¿Hernani?

D. CARLOS se cala el sombrero y se acerca precipitadamente a ella.

SOL. (Dejando caer la lámpara.)- ¡Dios mío! ¡No es él!

Quiere retroceder, pero el rey la detiene por el brazo.

D. CARLOS: ¡Doña Sol!

SOL: ¡No es él! ¡Desdichada de mí!

D. CARLOS: Si esta voz no es la de tu amante, es en cambio la voz amorosa de un amante real.

SOL: ¡El rey!

D. CARLOS: Ordena, pide, manda, pondré un reino a tus pies; porque el hombre que desdeñas es el rey tu señor; es CARLOS tu esclavo.

DOÑA SOL pugna por desasirse.

SOL: ¡Socorro!

D. CARLOS: No te amedrentes, que no es el bandido el que te sujeta, sino el rey.

SOL: El bandido sos vos, que no te avergonzás de tu acción. ¿Estas son las hazañas que han de dar fama al rey? ¡Venir por medio de un engaño y de noche a robar una doncella! Mi bandido vale cien veces más que vos. Rey de Castilla, si el hombre naciese en el sitio que merece, si Dios concediera las jerarquías midiéndolas por el corazón, él sería rey y el bandido vos.

D. CARLOS: ¡Doña Sol!

SOL: ¿Te olvidás que mi padre era conde?

D. CARLOS: Tú eres duquesa.

SOL: No me avergoncés. Nada puede haber de común entre los dos, que yo soy mucho para ser tu manceba y muy poco para ser tu esposa.

D. CARLOS: Serás princesa.

SOL: Rey D. CARLOS, dedique sus amoríos a las mujerzuelas que los merecen, porque si insistís en tus propósitos, les demostraré que soy dama y que soy mujer.

D. CARLOS: Pues bien, compartirás el trono conmigo; serás reina, emperatriz.

SOL: No caeré en esas redes. Además, prefiero vivir errante con mi Hernani, fuera de la sociedad y de la ley, compartiendo su destierro y su persecución, a sentarme como emperatriz en tu trono.

D. CARLOS: ¡Qué feliz es ese hombre!

SOL: Es pobre y vive proscripto.

D. CARLOS: Ser pobre y estar proscripto le favorece, porque así le adorás. Mientras yo vivo solo, a él le acompaña un ángel. Pero doña Sol, ¿es que me odiás?

SOL: No te amo.

D. CARLOS. (Cogiéndole una mano con violencia.) Pues nada me importa que no me amés; vendrás conmigo, porque lo deseo y porque soy el más fuerte; vendrás conmigo porque soy rey de España y de las Indias.

SOL. (Debatiéndose.) ¡Señor, tené piedad de mí! Ya que sos rey, podés elegir entre las marquesas o las duquesas de tu corte, que se verían halagadas consiguiendo tu cariño. Poseéis las Castillas,

Aragón, Navarra, Murcia, León y muchos reinos más, y fuera de España, Flandes y las Indias. Poseéis un imperio en el que nunca se pone el sol, y el pobre proscripto no me tiene más que a mí. ¿Y querés robarle lo único que posee?

Se hinca de rodillas a los pies del rey.

D. CARLOS: Vení conmigo; nada escucho. Si me correspondés, te doy a elegir cuatro de mis reinos españoles.

SOL: Sólo quiero de vos… este puñal.

Se lo arranca del cinto. El rey la suelta y retrocede.
—Atreveos ahora a dar un solo paso.

D. CARLOS: ¡Qué hermosa está así! No es extraño que ame a un rebelde.

Va a dar un paso y DOÑA SOL alza el puñal amenazándole.

SOL: Da un paso más y te mato y me mato.

El rey retrocede; DOÑA SOL se vuelve hacia la calle y grita con fuerza:
—¡Hernani! ¡Hernani!

D. CARLOS: Callate.

SOL: ¡Socorro!

D. CARLOS: Señora, ya que a tal extremo me arrastrás, te digo que para obligarte a venir conmigo me acompañan tres hombres de mi séquito.

HERNANI: (Saliendo por detrás del rey.)- Te has olvidado del cuarto.

Vuélvese el rey y ve a HERNANI, que está inmóvil, con los brazos cruzados bajo su larga capa y con el ala del sombrero levantada. DOÑA SOL da un grito y corre a abrazarle.

Escena III

Dichos y HERNANI

SOL: ¡Hernani, sálvame!

HERNANI: ¡Cálmate, vida mía!

D. CARLOS: (¿Por qué habrán dejado pasar mis amigos a este capitán de bandoleros?) ¡Monterrey! (Llamando.)

HERNANI: Tus amigos han caído en poder de los míos y es inútil que reclamés la ayuda de sus espadas impotentes. Por cada tres que vengan a ayudarte vendrán sesenta de los míos, y cada uno de los sesenta vale tanto como ustedes cuatro. Por lo que es mejor que los dos arreglemos nuestras cuentas. ¿Te atревés a poner la mano en esta doncella? Rey de Castilla, eso ha sido una imprudencia, eso fue una cobardía.

D. CARLOS. (Con desdén.): No tolero reproches de un bandido.

HERNANI: ¡Bromeás! No soy rey; pero cuando un rey me agravia y además se chancea, mi cólera sube hasta la altura de su orgullo. Sos insensato si abrigás la más mínima esperanza. (Cogiéndole del brazo.) ¿Sabés qué mano es la que te aprieta? Escuchame: Tu padre hizo morir al mío, y te odio; me arrebataron mis bienes y mis títulos, y siento odio; amás a la mujer que amo, y te odio con toda mi alma.

D. CARLOS: Está bien.

HERNANI: Esta noche, sin embargo, que me olvidaba de vos, sólo sentía el anhelo y la necesidad de ver a doña Sol. Anhelante y enamorado, acudo aquí y me encuentro con que ibas a robármela. Cuando te había olvidado te interponés en mi camino; te repito que sos un insensato. Has caído en tus propias redes; no podés huir ni encontrar quien otesocorra: ¿qué vas a hacer?

D. CARLOS. (Con altivez.)- No consiento que me preguntés.

HERNANI: No quise que te hiriera un desconocido, ni que escaparas a mi venganza. ¡Defendete! (Sacando la espada.)

D. CARLOS: Soy tu rey y señor: matame, pero no esperés que me defienda.

HERNANI: Pronto habrás olvidado que anoche se cruzaron nuestras espadas.

D. CARLOS: Ayer la crucé con vos porque ignoraba quién eras y porque vos no conocías mi jerarquía; hoy nos conocemos ambos.

HERNANI: No importa; defendete

D. CARLOS: No acepto el duelo. Asesinadme.

HERNANI: ¿Creéis que para mí los reyes son sagrados?

D. CARLOS: ¿Creés, bandidos, que tus viles gavillas pueden extenderse impunemente por las ciudades? ¿Creés que, llenos de sangre y de crímenes, podés pasar por generosos, y que nosotros, víctimas de sus violencias, ennobleceremos vuestros puñales con el choque de nuestras espadas? Eso jamás; ya que el crimen los posee y lo arrastran tras de vosotros, no podemos batirnos.

HERNANI, sombrío y pensativo, da vueltas en la mano durante unos instantes al puño de la espada; después se vuelve bruscamente hacia el rey y rompe la espada contra el suelo.

HERNANI: Lárguense; ya nos encontraremos.

D. CARLOS: Está bien. Dentro de pocas horas volveré al palacio y llamaré al juez. Han puesto precio a tu cabeza.

HERNANI: Ya lo sé.

D. CARLOS: Desde hoy sé que sos vasallo rebelde y traidor, y te aviso que te haré perseguir sin cesar. Te proscribiré del reino.

HERNANI: Ya está decretada mi proscripción; por fortuna Francia está muy cerca y me servirá de asilo.

D. CARLOS: Voy a ser emperador de Alemania, y entonces os proscribiré del imperio.

HERNANI: Me quedará el resto del mundo para desafiar tu cólera, y siempre encontraré algún asilo donde no alcance tu poder.

D. CARLOS: ¿Y si fuera mío el mundo?

HERNANI: Entonces siempre podría refugiarme en la tumba.

D. CARLOS: Desbarataré tus insolentes maquinaciones.

HERNANI: La venganza es coja y camina lentamente, pero al fin llega.

D. CARLOS: (Con desdén.)- ¡Verdaderamente es grave delito atreverse a la dama de un bandido!

HERNANI: Reflexioná que aún estás en mi poder, y pensá, futuro César, que si yo apretara esta mano leal, que es generosa para vos, aplastaría en su huevo tu águila imperial.

D. CARLOS: ¡A ver si te atrevés!

HERNANI: ¡Vete! Huid de aquí, pero tomá antes mi capa.

(Se quita la capa y se la echa en los hombros al rey.)
—Mi capa te librará de alguna puñalada; creerán que sos Hernani.

D. CARLOS: Ya que me hablás de ese modo, no me pidás nunca gracia ni perdón.

Vase D. CARLOS embozado en la capa del bandido.

Escena IV

HERNANI y DOÑA SOL

SOL: Ahora huyamos sin tardanza.

HERNANI: Veo que estás resuelta a aceptar mi desgracia y a compartir mi vida y mi muerte; noble propósito, digno de un corazón enamorado y fiel; pero para llevarme alegre a mi retiro el tesoro de hermosura que codicia un rey, para que me sigas y unas tu existencia a la mía, para arrastrarte conmigo, no es tiempo aún: veo la horca demasiado cerca.

SOL: ¡Qué decís!

HERNANI: El rey, a quien he desafiado cara a cara, va a castigarme porque le perdoné. Huyó y ha entrado ya quizá en palacio y ha llamado quizá a sus guardias, a sus criados, a sus caballeros y a sus verdugos.

SOL: ¡Ah! ¡Me haces temblar, Hernani! Pues si eso es así, apresurémonos; huyamos.

HERNANI: Ha pasado ya la hora de huir juntos. Doña Sol, cuando te revelaste a mis ojos, tan bondadosa y tan enamorada, te ofrecí aquello de lo que yo disponía, las montañas, los bosques, el negro pan del proscripto, la mitad del lecho de musgo en que reposo; pero hoy sólo puedo ofrecerte la mitad del cadalso, y… ¡perdoná, oh, Sol!, el cadalso es sólo para mí.

SOL: Sin embargo, también me lo habías prometido.

HERNANI: (Arrodillándose a los pies de DOÑA SOL.)- ¡Ángel mío! En este instante en que quizá la muerte se me aproxima, declaro que, aunque proscripto y errante, soy feliz y soy digno de envidia porque me has amado, y porque amándome has bendecido mi frente maldita.

SOL: ¡Hernani mío!

HERNANI: Bendita mil veces la suerte que hizo nacer esta preciosa flor al borde de mi abismo! No te lo digo a ti, se lo digo al cielo que me oye, se lo digo a Dios.

SOL: Permiteme que te siga.

HERNANI: Cometería un crimen arrancando la flor al caer en el abismo. He respirado su perfume y me basta. Vete. Anudá tu vida a otra vida; sé esposa del anciano; te desligo de tus juramentos…, déjame volver a mi oscuridad; y tú, olvídame y sé dichosa.

SOL: No, yo te sigo; quiero la mitad de tu mortaja; no me separo de vos.

HERNANI: (Abrazándola.) ¡Oh, dejame huir solo!

Después de abrazarla se separa de ella bruscamente.

SOL. (Con sentimiento.) -¡Huís de mí, después de haberte entregado la vida! ¡Me rechazás, y a pesar de la pasión que me jurás no me permitís la dicha de morir a tu lado!

HERNANI: ¡Estoy desterrado, estoy proscripto, soy un hombre funesto!

SOL: ¡Sos un ingrato!

HERNANI: Pues bien, me quedo; lo querés y no me separo de vos. Vení, venó a mis brazos. Estaré a tu lado hasta que vos querrás y lo olvidaré todo. Sentate en este banco.

DOÑA SOL se sienta y él se coloca a sus pies.

HERNANI: La luz de tus ojos ilumina los míos. Entoname algún cantar como otras noches, en que tus pestañas temblaban hasta dejar caer en mis labios las blancas perlas de tus lágrimas. ¡Seamos felices! Bebamos, ya que la copa está llena. Esta hora nos pertenece; olvidémonos de todo lo demás. Hablame y embriagame. ¿No es verdad, sol de mi cielo, que es dulce amar y ser amados, ser dos, estar solos y requerirse de amores de noche, cuando todo duerme? ¡Déjame dormir y soñar en tu seno, vida de mi vida!…

Óyense tañidos de campanas desde lejos.

SOL: (Levantándose asustada,)- ¿Oís? Tocan a rebato.
HERNANI: No, anuncian nuestra boda.

Arrecia el campaneo. Se oyen murmullos confusos; se ven antorchas en las calles y luces en las ventanas.

SOL: ¡Huí! ¡Salvate! ¡Gran Dios! ¡Parece que incendian a Zaragoza!
HERNANI: Tendremos boda con antorchas.

Se oyen gritos y choques de espadas.

SOL: Ésa es la boda de los muertos, la boda de las tumbas.

HERNANI: (Reclinándose en el banco.)- Volvamos a soñar.

UN MONTAÑÉS: (Corriendo con la espada en la mano.)- Señor, los esbirros y los alcaldes desembocan en la plaza en tropel. Alerta, monseñor.

HERNANI se levanta.

SOL. (Pausa.)- Ya te lo decía yo.

MONTAÑÉS: ¡Socorro!

HERNANI: Aquí estoy; no temás.

GRITOS A LO LEJOS: ¡Muera el bandido!

HERNANI. (Al montañés.)- Dame la espada. Adiós, doña Sol.

SOL: ¡Ya te perdí! ¿Dónde vas? Ven, huyamos por esta puerta.

HERNANI: No puedo abandonar a mis amigos.

Aumentan el tumulto y los gritos.

SOL: Esos clamores me aterran. (Reteniendo a HERNANI.) Pensá que si vos morís, yo moriré también.

HERNANI: (Abrazándola.)- Un beso…

  ¡Dueño mío! ¡Esposo mío!

HERNANI: (Besándola en la frente.)- ¡El primero!

SOL: ¡Y quizá el último!

Parte HERNANI y DOÑA SOL cae sobre el banco.

FIN DEL ACTO SEGUNDO

ACTO TERCERO

El Anciano
El castillo de Silva en las montañas de Aragón

La galería de retratos de la familia de SILVA; salón, cuyo decorado lo forman dichos retratos, encuadrados con preciosas molduras, que coronan emblemas y escudos ducales. En el fondo una puerta alta y gótica. Entre los retratos hay colocadas grandes panoplias de varios siglos.

Escena Primera

DOÑA SOL, vestida de blanco, en pie junto a una mesa, y D. RUY GÓMEZ DE SILVA, sentado en un sitial de roble.

RUY: ¡Por fin llegó el día! Dentro de una hora dejarás de ser mi sobrina para ser mi esposa y podré abrazarte como marido. ¿Me has perdonado ya? Confieso que no tuve razón para ruborizarte y sospechar de ti a primera vista; no debí condenarte sin haberte oído; pero las apariencias engañan y obligan al hombre a ser injusto. Me encontré con dos mozos gentiles; no debí dar crédito a mis propios ojos…, hija mía, pero cuando se llega a mi edad…

SOL: Siempre me lo recordás, y yo nunca te hablo de aquel suceso.

RUY: Pues yo sí; quiero confesar mi error. Nunca debí sospechar de una dama que se llama doña Sol de Silva, por cuyas venas corre pura sangre castellana.

SOL: Eso sí.

RUY: Escuchá: no es dueño de sí mismo el que está enamorado como lo estoy yo de vos, y además es viejo. Hay momentos en que es preciso ser celosos, y hasta perversos, porque somos viejos; porque la gracia, la belleza y la juventud de los demás nos causan miedo y parece que nos amenazan; porque los demás nos dan celos que nos hacen avergonzar de nosotros mismos. Cuando veo pasar a un pastor joven, mientras canta por el verde prado, y yo sueño por mis sombrías avenidas, me digo a mí muchas veces: «De buena gana daría yo mil almenadas torres, mi antiguo palacio ducal, mis bosques y mis sembrados, mis rebaños y mis títulos, todas mis ruinas, por su cabaña nueva y su frente juvenil. Daría todo lo que poseo por ser joven y hermoso como vos. ¡Pero estoy delirando! Ya tengo un pie en el ataúd.»

SOL: ¡Quién sabe!

RUY: Sin embargo, creeme; los caballeros jóvenes aman frívolamente; la doncella que los ama se muere por ellos y ellos se ríen de ella. Como los pajarillos de vistosas y ligeras alas, tienen mudable el plumaje del amor. Cuando un viejo ama, ama profundamente y conserva hasta la muerte joven el corazón. Mi cariño no es como un juguete de cristal, que brilla y tiembla; es un cariño severo, arraigado, sólido y paternal, de madera de roble, como mi sillón ducal. He aquí cómo yo te amo, y además sé quererte de otros modos, como se ama a la aurora, a las flores y a los cielos. Al verte tan pura, tan brillante y tan hermosa, sonrío de júbilo y se engalana mi alma como para eterna fiesta.

SOL: (¡Ah!)

RUY: El mundo ve siempre con buenos ojos que cuando un hombre se extingue poco a poco, y va a tropezar con las piedras del sepulcro, un ángel, una mujer pura vele por él, lo abrigue y se digne sufrir al inútil anciano, que pronto morirá. Serás para mí ese ángel con corazón de mujer, que regocije el alma del pobre anciano y soporte el peso de la mitad de sus últimos años; siendo su hija por el respeto y su hermana por la piedad.

SOL: Acaso en vez de precederme me sigás, señor, que no es razón para vivir ser joven. Muchas veces los viejos se retardan y los jóvenes van delante.

RUY: No nos ocupemos más de estas ideas sombrías, y decime: ¿cómo es que no estás vestida para la ceremonia? Apresurate a engalanarte con el traje de boda, que la hora se acerca ya.

SOL: Tiempo me queda.

Entra un paje.

RUY: ¿Qué querés?

EL PAJE: Señor, espera un peregrino a la puerta y te demanda hospitalidad.

RUY: Quienquiera que sea, siempre la dicha entra en la casa con el forastero que en ella se recibe. Que entre. ¿Se sabe algo del capitán de bandidos proscripto?

PAJE: Que todo acabó para Hernani, para ese león de las montañas.

SOL: (¡Dios mío!)

RUY: ¿Qué decís?

PAJE: Que la partida ha sido derrotada. Dicen que el mismo rey iba en su persecución al frente de la tropa. La cabeza de Hernani ha sido pregonada por mil escudos reales. Pero se refiere que ha muerto en la pelea.

SOL: (¡Sin mí! ¡Pobre Hernani!)

RUY: Gracias a Dios que al fin murió el rebelde. Alegrémonos, hija mía. Andá a ataviarte. Hoy debe ser para nosotros doble fiesta.

SOL: (Día de luto para mí.) (Vase.)

RUY: (Al paje.)- Que le lleven a su aposento el cofrecillo que yo le regalo. Quiero verla adornada como una virgen, ante la que se arrodille el peregrino. Corré, decile que entre y guialo hasta aquí.

Vase el paje. No debe hacerse esperar mucho tiempo a ningún huésped. La puerta del fondo se abre y entra por ella HERNANI, disfrazado de peregrino. El duque se levanta y va a su encuentro.

Escena II

D. RUY GÓMEZ, HERNANI

HERNANI: ¡Paz y ventura al generoso duque!

RUY: ¡Paz y ventura al huésped recién llegado! (Siéntase en el sitial.) ¿Sos peregrino?

HERNANI: Sí.

RUY: ¿Vienes de Armillas?

HERNANI: He seguido otro camino, porque por Armillas se estaban batiendo.

RUY: ¿La partida del proscripto?

HERNANI: No lo sé.

RUY: ¿Qué ha sido de su jefe Hernani?

HERNANI: ¿Quién es ese hombre?

RUY: ¿No le conocés? Peor para ti, porque has desperdiciado la ocasión de ganar la suma con que han tasado su cabeza. Hernani es un rebelde al rey, nuestro señor; un capitán de bandidos que gozó mucho tiempo de la impunidad. Si vas a Madrid verás cómo le ahorcan.

HERNANI: No voy allá.

RUY: Su cabeza pertenece al que la coja.

HERNANI: (¡Que vengan por ella!)

RUY: ¿Adónde te dirigís, peregrino?

HERNANI: A Zaragoza.

RUY: ¿A cumplir algún voto que hiciste a la Virgen?

HERNANI: Sí, a la Virgen del Pilar.

RUY: Deben cumplirse los votos hechos a los santos. Después de cumplir el voto, ¿no te lleva otro deseo a Zaragoza que ver el Pilar?

HERNANI: No, Señor.

RUY: ¿Cómo te llamás? Yo soy Ruy Gómez de Silva.

HERNANI: ¿Querés saber mi nombre?... (Vacilando.)

RUY: Puedes callátelo si querés; yo doy hospitalidad a todo el mundo que me la pide.

HERNANI: Gracias, señor.

RUY: Sé bien venido; quedate en mi casa y disponé de todo. Para mí te llamás huésped, y ese nombre me basta. Te recibo, seás quien seás, que al mismo Satanás recibiría si Dios me lo enviara.

La puerta del fondo se abre de par en par. Entra DOÑA SOL con el traje nupcial. La siguen pajes, criados y dos damas, que llevan sobre un almohadón de terciopelo un cofrecito cincelado, que dejan sobre una mesa. El cofrecillo encierra una corona ducal, brazaletes, collares y perlas y brillantes amontonados. HERNANI, jadeante y azorado, mira con ojos fulgurantes a la novia, sin escuchar al duque.

Escena III
Dichos, DOÑA SOL, pajes, criados y dos doncellas

RUY: ¡Aquí tenés a mi Virgen del Pilar! Ora ante ella y te atraerás la felicidad. Acercate, doña Sol; ¿cómo es que no llevás todavía el anillo nupcial ni la corona?

HERNANI: (Con Voz de trueno.)- ¿Quién quiere ganarse mil CARLOS de oro? Yo soy Hernani.

Todos se vuelven sorprendidos y asombrados. HERNANI se desgarra el hábito de peregrino y aparece vestido de montañés.

SOL. (Con alegría.)- (¡Cielos, vive!)

HERNANI. (A los criados.)- Soy el proscripto que persiguen. (Al duque.) ¿Querían saber mi nombre? Pues me llamo Hernani. Les entrego la cabeza puesta a precio. Vale bastante para pagar su boda. Se las ofrezco a todos; tómenla, que les la pagarán bien. Átenme de pies y manos, aunque eso será inútil, porque estoy atado ya por una cadena que no puedo romper.

SOL: (¡Infeliz de mí!)

RUY: (¡Sin duda mi huésped está loco!)

HERNANI: Tu huésped es un bandido.

SOL: Señor, no le hagás caso.

HERNANI: les digo la verdad.

RUY: ¡Mil CARLOS de oro! Tan enorme es la cantidad, que no respondo de todos mis criados.

HERNANI: Basta con que uno solo me delate y me entregue.

RUY: ¡Callate! Te pueden tomar la palabra.

HERNANI: Amigos, la suerte les favorece; les aseguro que soy el rebelde Hernani.

RUY: ¡Callate!

HERNANI: ¡Soy Hernani!

SOL: ¡Callate por Dios! (Bajo a HERNANI.)

HERNANI: Aquí se casan; yo también quiero casarme, mi esposa también me espera. (Al duque.) Mi esposa no es tan hermosa como la tuya, señor duque, pero es más fiel… Mi esposa es la muerte.

SOL: ¡Por piedad! (Bajo a HERNANI.)

HERNANI: ¿Nadie quiere ganarse mil escudos de oro?

RUY: Es el mismo demonio.

HERNANI: ¡Veo que estás temblando! ¡Qué desgraciado soy!

RUY: Si se atrevieran a prenderte, en vez de entregar tu cabeza se expondrían a perder la suya. Aunque seas Hernani u otro bandolero más ruin, y en lugar de oro por prenderte ofrecieran un imperio, dentro de mi casa te protegería contra todos, hasta contra el mismo rey; porque a los huéspedes los envía Dios. Antes moriré yo que nadie se atreva a tocar un cabello de tu cabeza. Doña Sol, dentro de una hora serás mi esposa. Volvé a tu aposento. Voy a poner en armas todo el castillo y a cerrar las puertas.

Vase seguido de sus criados.

HERNANI. (Mirándose el cinto.)- ¡Ah! ¡No llevar ni un puñal!

Luego que ha desaparecido el duque, da DOÑA SOL algunos pasos para seguir a sus doncellas, pero después se detiene y retrocede cuando salen, acercándose con gran ansiedad hacia HERNANI.

Escena IV

HERNANI y DOÑA SOL

HERNANI contempla con miradas frías el cofrecillo nupcial que está sobre la mesa; después menea la cabeza y le centellean los ojos.

HERNANI: Te doy mi parabién; me encanta, me enamora, me admira tu traje de bodas. (Acercándose al cofrecillo.) El anillo nupcial es de buen gusto… La corona ducal preciosa…, el collar admirable…, los brazaletes bellísimos; pero todo esto vale cien veces menos que la mujer hermosa que oculta un corazón infame. ¿Con qué compraste todo esto? ¿Con un poco de amor? ¡Verdaderamente es muy barato! ¡Dios mío! ¡Engañar de este modo y no tener vergüenza de vivir! (Examinando el cofrecillo.) Quizá las perlas sean falsas, el oro sea cobre, vidrio y plomo los diamantes, quizá estas joyas sean falsas. Si esto es así, duquesa, es falso tu corazón como estas joyas, y vos misma sos de oropel. Pero no, estas alhajas son de buena ley, son hermosas y buenas; no se atrevería a engañarte el hombre que tiene un pie en la tumba. El juego está completo; collar, brillantes, pendientes, corona, anillo nupcial…; nada falta. Es el magnífico regalo que merece tu amor fiel, leal y profundo. Es precioso el cofrecillo.

SOL. (Registra el cofre y saca de él un puñal.)- No has visto lo que contiene en el fondo. Este puñal, que arrebaté al rey CARLOS en el momento de ofrecerme el trono, que desprecié por vos, por vos, que ahora me ultrajá.

HERNANI. (Cayendo a sus pies.)- Permitime que de rodillas recoja las lágrimas que derraman tus bellísimos ojos. Después te daré toda mi sangre por esas lágrimas.

SOL. (Enternecida.)- Hernani, te amo y te perdono; pero no olvidés nunca que mi amor es siempre para ti.

HERNANI: ¡Me perdona y me ama! ¡Después de lo que le he dicho, me ama y me perdona!

SOL: ¡Hernani mío!

HERNANI: Debo serte odioso; pero decime otra vez que me amás, tranquilizá a un corazón que duda; decímelo por piedad, porque muchas veces las palabras que salen de los labios de una mujer curan profundas heridas.

SOL. (Absorbida y sin oírle.)- ¡Creerme tan olvidadiza! ¡No comprender que ningún otro hombre puede entrar en el corazón que él llena!

HERNANI: He blasfemado de vos. En tu lugar yo, doña Sol, me hubiera cansado ya de este loco furioso, que no sabe acariciar hasta después de haber ofendido, y le hubiera hecho huir de mi lado. Rechazame, que aunque me rechacés te bendeciré, porque has sido siempre tierna y bondadosa conmigo, porque me has soportado mucho tiempo, porque soy perverso, porque he oscurecido tus días con mis noches. Tu alma es bella, noble y pura, y no es culpable de que yo sea perverso. Enlazate con el duque; es bueno y poderoso; sé dichosa con él. Sé esposa del anciano; él te merece más. ¿Cómo casar tu pura frente con mi cabeza proscripta? ¿Quién, viéndonos unidos, a ti tranquila y bella, a mí violento y fiero, a ti apacible y limpia como blanca azucena, a mí sombrío y azotado por tantas tempestades, quién dirá que nuestra suerte sigue la misma ley? Dios, que es la suprema sabiduría, no te creó para mí. No tengo derecho alguno para poseerte; poseer tu corazón sería un robo; yo se lo restituyo al que es más digno y debe poseerlo. Todo se acabó para mí; llego a estar avergonzado de no haber sabido vengarme ni ser feliz. Nací para el odio y sólo he sabido amar. Perdoname, huí de mí, te lo ruego.

SOL: Ingrato.

HERNANI: ¡Acarreo la desgracia a todo lo que me rodea! Montañas de Aragón, de Galicia y de Extremadura, te arrebaté a tus mejores hijos, y sin remordimiento les hice pelear por defender mis derechos y los llevé a la tumba. Por mí murieron los hombres más bravos de la valiente España. ¡Esto es lo que yo proporciono a todo el que se me liga! No debés envidiar mi destino cruel; enlzate con el duque, con ese rey diabólico, con el infierno; todo eso será para ti mejor que yo. No me queda ni un amigo que me recuerde, todo me abandona; es preciso ya que te llegue este turno, porque yo debo vivir solo. Huí de mi contagio. Que no sea para vos el amor una religión; tené compasión de vos misma y huí de mí. Quizá me creás un hombre como los demás, un ser inteligente que va recto a conseguir el objeto de sus sueños; pues no, no lo soy. Soy una fuerza que impulsan, soy el agente ciego y sordo de los misterios fúnebres, soy el alma de la desgracia impregnada de tinieblas. ¿Dónde voy? No lo sé. Sólo sé que me impulsa con soplo impetuoso un destino insensato; sólo sé que desciendo más cada vez, sin detenerme nunca. Si algunas veces, jadeante, me atrevo a volver la cabeza, oigo una voz que me grita: ¡Adelante!, y el abismo es profundo, y veo su fondo rojo, o de llama o de sangre, y entretanto, a una y a otra parte de mi vertiginosa carrera, todo se destroza, todo se muere. ¡Ay del que me toca! ¡Huí de mí! Apartate de mi fatal camino.

SOL: ¡Gran Dios!

HERNANI: Demonio terrible es el que me empuja, y darme la felicidad es el único prodigio que no puede realizar, porque mi felicidad sos vos… y vos no sos para mí. Buscá otro señor…, enlazate con el duque.

SOL: No te satisficiste con desgarrarme el corazón, y querés arrancármelo. ¡Ah! No me amás.

HERNANI: Sos para mí el ardiente foco de donde nace mi única felicidad; ¡si huyo de él no me aborrezcas, vida mía!

SOL: No puedo aborrecerte…. pero moriré.

HERNANI: ¡Morir por mí!

SOL: Moriré. (Llorando cae sentada en un sillón.)

HERNANI. (Sentándose cerca de ella.)- ¡Llorás por mi culpa! ¿Quién me castigará, ya que vos siempre me perdonás? Pero… mis amigos han muerto, estoy loco y… perdoname otra vez. Quisiera saber amar y no sé; y, sin embargo, la pasión que me domina es muy profunda. ¡No llorés! Quisiera tener un mundo para postrarlo a tus pies. ¡Soy tan desgraciado!

SOL. (Abrazándole.)- ¡Oh! No; vos sos el león soberbio y generoso que yo amo.

HERNANI: El amor sería el bien supremo si pudiéramos morir a fuerza de amar. ¿Quién de los dos hubiera muerto antes?

LOS DOS A UN TIEMPO: ¡Yo!

HERNANI. (Apoyando la frente en el seno de DOÑA SOL.)- Pues bien, que Dios nos una. Vos así lo querés, pues sea. Resistí cuanto pude.

Se contemplan extasiados; D. RUY, que entra por el fondo, los ve y se para como petrificado.

Escena V

Dichos y D. RUY

 RUY. (Inmóvil y con los brazos cruzados.)- ¡He aquí el pago de mi buena hospitalidad!

SOL: ¡Dios mío! ¡El duque!

Los amantes se separan sobresaltados.

RUY. (Siempre inmóvil.)- ¿Así me recompensa el huésped? Buen caballero, andá a ver si la muralla está bien guarecida, las puertas cerradas y el arquero vigilando en la torre. Revisá el castillo, ponete en el arsenal una fuerte armadura, ceñite a los sesenta años un arnés de batalla. Volvé y verás con qué lealtad pagamos la tuya. En los largos años que cuento de existencia he visto asesinos, traidores, monederos falsos, criados infieles que envenenan a sus señores; he visto a Sforza, a Borgia y a Lutero, pero nunca vi perversidad tan grande que no temiera hacer traición al huésped. Este crimen no es de mi época; tan negra traición petrifica al viejo en el umbral de su casa y le convierte en la estatua de su propia tumba. Moros y castellanos, ¿quién es este hombre?

Levanta los ojos y pasea las miradas por los retratos que rodean la sala.

RUY: ¡Ilustres antepasados míos, ilustres Silvas que me escuchan, perdonen si en mi cólera digo ante ustedes que la hospitalidad es mala consejera!…

HERNANI: Señor duque…

RUY: ¡Silencio! ¡Muertos sagrados! ¡Antepasados míos, hombres de hierro, que saben lo que viene del cielo y lo que viene del infierno, díganme quién es este hombre! ¿Es Hernani o Judas?

HERNANI: Señor duque…

RUY: ¿Ven? ¡Aún se atreve a hablarme el infame! Pero mejor que yo, ustedes leen en su alma. Preveen acaso que mi brazo va a ensangrentar mis lares, que mi corazón quizá engendra una venganza horrible… Antepasados míos, ya lo están viendo, la culpa no es mía, es suya. Júzguenos a los dos.

HERNANI: Duque de Silva, nunca se elevó hacia el cielo frente tan noble ni corazón tan grande como el vuestro. Soy culpable y no me defiendo, porque sé que merezco tu cólera. Quise robarte esta dama, tu futura esposa, y manchar tu lecho; sé que esto es infame, pero podés derramar la sangre que por mis venas corre y después limpiar la espada.

SOL: Señor, yo soy la única culpable; castigame a mí sola.

HERNANI: Callá, doña Sol, porque esta hora es suprema y me pertenece por completo, porque ya no tendré otra. Dejame hablar al duque. Te juro, señor, que soy culpable; pero no estés intranquilo, porque te juro que doña Sol es pura. Ella es pura y yo culpable; merece que le consagrés tu cariño, y yo merezco que me des una puñalada.

SOL: Yo soy la causa de todo, porque yo le amo.

D. RUY retrocede sorprendido al oír estas palabras y fija terribles miradas en DOÑA SOL; ella se arrodilla a sus pies.

SOL: ¡Perdoname, señor! ¡Perdoname, pero le amo!

RUY: ¡Lo amás! (A HERNANI.) ¡Temblá, pues!…

Se oyen fuera sonar trompetas; entra un paje.

—¿Qué es ese ruido? (Al paje.)

PAJE: Señor duque, viene el rey con su cuerpo de arqueros, y su heraldo es el que ha tocado la trompeta.

SOL: ¡Gran Dios, el rey!

PAJE: Pregunta el rey por qué está cerrado el castillo y manda abrir la puerta.

RUY: Abrila. (Vase el paje.)

SOL: (¡Está perdido!)

D. RUY se dirige a un cuadro, que es su propio retrato, y que es el último de la izquierda, toca un resorte y se abre una puerta, dejando ver un escondrijo practicado en la pared. Luego se vuelve hacia HERNANI y le dice:

RUY: Entrá aquí.

HERNANI: Mi cabeza es tuya. Entregádsela, señor, que soy tu prisionero y estoy decidido a morir.

Entra en el escondrijo, que vuelve a cerrar D. RUY.

SOL: ¡Señor, tené compasión de él!

PAJE. (Entrando.)- ¡Su alteza el rey!

DOÑA SOL se baja precipitadamente el velo. Se abre de par en par la puerta del fondo y entra por ella D. CARLOS en traje de guerra, seguido de multitud de gentileshombres y de arcabuceros.

Dichos, D. CARLOS y su séquito

D. CARLOS avanza lentamente, con la mano izquierda en el pomo de la espada y la derecha en el pecho, mirando al duque con expresión de desconfianza y de cólera. D. RUY sale a recibirle y le saluda con profunda reverencia.

D. CARLOS: ¿Por qué hoy, amado primo, tenés tan cerradas las puertas del castillo? Creía que estaba más enmohecida tu espada, e ignoraba que tuviese deseos de relucir en tu mano cuando venimos a verte. Te empeñás algo tarde en echarla de mozo. ¿Tenemos acaso moros en campaña? Me llamaré Boabdil o Mahoma y no CARLOS de Austria, para que me levantés el puente y me bajés el rastrillo?

RUY: Señor…

D. CARLOS (A sus caballeros.)- Tomá las llaves y apoderate de las puertas. (Vanse dos de los caballeros.) ¡Tratá de despertar las rebeliones dormidas! ¡Vive Dios, señores duques, que si pretendés presumir con el rey, el rey se colocará en su sitio y sentirán que es su amo y señor! A las cumbres más altas de los montes, donde tiene los nidos, iré a destruir por mis propias manos sus señoríos.

RUY. (Irguiéndose.)- Los Silvas siempre fueron vasallos leales y…

D. CARLOS. (Interrumpiéndole.)-Contéstame sin rodeos, duque; contestame, o hago arrasar tus once torres. Del incendio apagado queda una chispa encendida, de los rebeldes muertos en la refriega se salvó el caudillo: se salvó huyendo. Vos sos quien le encubre, lo ocultás en tu castillo a Hernani.

RUY: Señor, es verdad.

D. CARLOS: Pues bien, quiero su cabeza o la tuya.

RUY. (Inclinándose.)- Quedarás satisfecho.

DOÑA SOL se deja caer en un sillón, con la cabeza entre las manos.

D. CARLOS: Ve a traer al bandido.

El duque cruza los brazos, baja la cabeza y queda algunos momentos pensativo. El rey y DOÑA SOL le observan en silencio, agitados por emociones distintas. Por fin, el duque levanta la cabeza, se dirige al rey, le coge la mano y le lleva con lentitud ante el retrato más antiguo, que está a la derecha del espectador.

RUY: Éste es el más antiguo de los Silvas, el abuelo, el principio de la raza, Silvius, que fue tres veces cónsul de Roma. El segundo es Galcerán de Silva, otro Cid, cuyos sagrados restos se guardan en Toro, en dorado féretro. Él fue quien libró a la ciudad de León del tributo de las cien doncellas. El tercero es D. Blas, que por su voluntad se desterró del reino por haber aconsejado mal al rey. El cuarto es D. Cristóbal: en el combate de Escalona, cuando huía el rey D. Sancho a pie, y su blanco penacho servía de puntería a los tiros enemigos, ¡Cristóbal! gritó, llamándole en su ayuda. Cristóbal le quitó el penacho y le dio su caballo. El quinto es D. Jorge, el que pagó el rescate del rey de Aragón, D. Ramiro.

D. CARLOS. (Cruzando los brazos y mirándole de pies a cabeza.)- D. Ruy Gómez, te admiro; continuá.

RUY: Éste es Ruy Gómez de Silva, gran maestre de Santiago y de Calatrava: tomó trescientas banderas, ganó treinta batallas, y después de reconquistar para el rey a Motril, a Antequera, Suez y Níjar, murió pobre. Saludalo, señor. A su lado está D. Gil de Silva, su hijo, que fue espejo de lealtad, Este otro es D. Gaspar de Mendoza y de Silva, honor de su progenie. Todas las casas nobles tienen algo que ver con la de Silva. Sandoval nos teme y se nos enlaza; Manrique nos envidia; Lara nos respeta y Alencastre nos odia. Tocamos a la vez con los pies a los duques y con la frente a los reyes.

D. CARLOS: ¡Te estás burlando!

RUY: Éste es D. Vázquez, llamado el Sabio. Éste es D. Jaime el Tuerto, que contuvo él solo un día a Zamit y a otros cien moros.

Al ver la impaciencia del rey, pasa de largo por entre algunos retratos y se dirige a los tres últimos de la izquierda.

—Éste es mi noble abuelo: vivió sesenta años y guardó siempre la fe jurada hasta a los judíos. Este otro anciano de venerable aspecto es mi padre. Fue grande, aunque nació el último. Los moros de Granada habían hecho prisionero a su amigo el conde Alvar Jirón, pero mi padre reunió, para ir a buscarle, seiscientos hombres de guerra; hizo tallar en piedra un conde Alvar Jirón, que llevó consigo, jurando por su patrono no desistir de su empeño hasta que el conde de piedra menease la cabeza. Combatió por el conde y consiguió salvarle.

D. CARLOS: Entregame al bandido.

El duque se inclina ante el rey y se lo lleva de la mano hasta el retrato que sirve de puerta al escondrijo de HERNANI.

RUY: Este retrato es el mío. Rey don CARLOS, te estoy agradecido, porque querés conseguir que este retrato diga a los venideros que le contemplen: «El último Silva, hijo de una raza nobilísima, fue un traidor, que vendió la cabeza de su huésped.»

Alegría de DOÑA SOL. Movimiento de estupor en los circunstantes. Desconcertado el rey, se aleja con cólera del duque; después permanece algunos instantes en silencio, con los labios temblorosos y los ojos llameantes.

D. CARLOS: Duque, tu castillo me estorba y lo haré derribar.
RUY: ¿Para vengarse de mí?
D. CARLOS: Por tanta audacia arrasaré tus torres, y en el solar del castillo haré sembrar cáñamo.
RUY: Prefiero, señor, ver crecer el cáñamo en el solar de mis torres, que ver caer una mancha en el blasón de los Silvas.

D. CARLOS: En conclusión, duque, me has prometido entregarme esa cabeza…

RUY: Señor, te he prometido la mía o la suya; te entrego la mía: tomala.

D. CARLOS: Bien, duque, pero yo pierdo en el cambio. La cabeza que necesito es la de un joven, que cuando se corte puede cogerse por los cabellos, lo que el verdugo no podría hacer con la tuya.

RUY: No me afrentés, señor; mi cabeza es ilustre y, aunque vieja, vale más que la de un rebelde.

D. CARLOS: Entregame a Hernani.

RUY: Os dije lo que tenía que deciros, señor.

D. CARLOS. (A los suyos.)- Registren todo el castillo, sin perdonar rincón ni agujero.

RUY: Mi castillo es tan fiel como yo: sólo los dos sabemos este secreto, y los dos lo guardaremos.

D. CARLOS: Piensa que soy el rey.

RUY: Hasta que demolido mi castillo piedra a piedra me sirva de sepulcro, no encontraréis lo que buscáis.

D. CARLOS: ¡Son inútiles mis ruegos y mis amenazas! Entregame a Hernani o derribo tu cabeza y tu castillo.

RUY: Hagan lo que les plazca.

D. CARLOS: Pues en lugar de una tendré dos cabezas. (Al duque de ALCALÁ.) Atrapen al duque de Silva.

SOL. (Levantándose el velo e interponiéndose.)- Don CARLOS de Austria, sos un rey perverso.

D. CARLOS: ¡Gran Dios, doña Sol!

SOL: Bien se ve que no sos español.

D. CARLOS. (Turbado.)- Sos muy severa al juzgarme. (Se acerca a DOÑA SOL y le dice en voz baja.) Vos sos la causa de mi cólera, porque al hombre que se te acerca le convertís en ángel o en demonio; tus desdenes y tus enojos me convirtieron en tigre. Sin embargo, no quedarás descontenta de mí. (En voz alta.) Amado primo, comprendo al fin que tus escrúpulos son legítimos; sé leal a tu huésped y desleal a tu rey. Soy mejor que tú y te perdono; pero me llevo en rehenes a tu sobrina.

RUY: ¡Qué oigo!

SOL: ¡A mí, señor!

D. CARLOS: Sí, a vos.

RUY: Tu generosidad y tu elocuencia perdonan la cabeza para torturar el corazón.

D. CARLOS: Elige entre tu sobrina o el rebelde. Necesito uno de los dos.

RUY: Sos el rey…

D. CARLOS se aproxima a DOÑA SOL para llevársela y ésta se refugia en brazos de D. RUY GÓMEZ.

SOL: Salveme, señor. (Separándose de su tío.) (Desgraciada de mí! ¡Debo sacrificarme!) Lo seguiré. (Al rey.)

D. CARLOS: (Me ocurrió una magnífica idea.)

DOÑA SOL se dirige al cofrecillo, lo abre y toma el puñal que hay dentro y se lo esconde en el seno. D. CARLOS se dirige hacia ella y le presenta la mano.

—¿Qué has tomado de ahí?

SOL: Nada, señor.

D. CARLOS: ¿Acaso alguna joya?

SOL: Sí.

D. CARLOS: Veámosla.

SOL: Ya la verás.

DOÑA SOL le da la mano y se dispone a seguirle. D. RUY, que se ha quedado inmóvil y como asombrado, de pronto grita:

RUY: ¡Señor, déjenme a doña Sol, déjenme a mi esposa, déjenme a mi hija! ¡No tengo a nadie más en el mundo!

D. CARLOS: Pues entréguenme al bandido.

El duque vacila; mira su retrato, se vuelve hacia el rey y le dice:

RUY: ¿Insistís en tus propósitos?

D. CARLOS: Sí.

El duque, temblando, lleva la mano al resorte.

SOL: (Dios mío.)

RUY: ¡No! (Se arrepiente y se arrodilla a los pies del rey,) ¡Por compasión, señor, tomen mi cabeza!…

D. CARLOS: Me llevo a doña Sol.

RUY: Felizmente no te podés llevar mi honor.

D. CARLOS. (Tomando la mano a DOÑA SOL.)- Adiós, duque.

RUY: Dios te guarde, señor.

El duque vuelve hacia el proscenio jadeante e inmóvil, sin ver ni oír nada, con la mirada fija y los brazos cruzados sobre el pecho; entretanto el rey sale con DOÑA SOL y con todo su séquito.

RUY: Rey Carlos, mientras que sales alegre del castillo, mi antigua lealtad llorando sale del corazón.

Levanta la cabeza, pasea la vista a su alrededor y se encuentra solo. Se acerca a una de las panoplias, saca de ella dos espadas, las mide y las deja sobre la mesa. Después se dirige al retrato, toca el resorte y se abre la puerta secreta.

D. RUY GÓMEZ y HERNANI

HERNANI sale por la puerta secreta. D. RUY le señala las dos espadas que hay sobre la mesa.

RUY: Salí y eligí. D. Carlos abandonó ya el castillo. Ajustaremos pronto nuestras cuentas pendientes. ¿Te tiembla la mano?

HERNANI: ¿Me proponés un duelo? Pues no podemos batirnos.

RUY: ¿No puedes batirte porque tenés miedo o porque no sos noble? Noble o plebeyo, para cruzar la espada conmigo todo el que me ultraja es bastante gentil hombre.

HERNANI: ¡Anciano!

RUY: Vení a matar o a morir.

HERNANI: A morir estoy dispuesto: a mi pesar me salvastes la vida y te pertenezco; tomala, pues.

RUY: ¿Eso es lo que querés? (Dirigiéndose a los retratos.) Ya ven que me obliga. (A HERNANI.) Encoeéndate a Dios.

HERNANI: A vos he de dirigir el último ruego.

RUY: Dirigilo al Supremo Señor.

HERNANI: A vos; matame con espada, daga o puñal, como querrás, pero concededme por última gracia que la vea antes de morir.

RUY: ¡Verla!

HERNANI: O a lo menos que oiga su voz por última vez.

RUY: ¡Oírla!

HERNANI: Comprendo, señor, lo que son celos; pero ya que estoy en brazos de la muerte, no debés temer de mí. Permitime que la oiga, aunque no la vea, y moriré contento. Ni siquiera la hablaré; estarás presente y después me matarás.

RUY: ¿Pero ese escondrijo es tan sordo y tan profundo que nada has oído?

HERNANI: Nada, señor.

RUY: Pues me vi obligado a entregar a doña Sol o a vos.

HERNANI: ¿A quién?

RUY: Al rey.

HERNANI: ¡Anciano estúpido! El rey la ama.

RUY: ¿El rey? (Asombrado.)

HERNANI: ¡Es nuestro rival y nos la ha robado!

RUY: ¡Maldición! ¡Vasallos míos, a caballo, a caballo; persigamos al raptor!

HERNANI: Escuchame: te pertenezco y podés matarme cuando querrás; ¿pero querés antes emplearme en vengar a vuestra sobrina y su virtud ultrajada? Deseo tener parte en esta venganza, y te suplico que me concedás esta gracia. Persigamos los dos al rey; seré tu brazo y te vengaré. Después matame.

RUY: ¿Podré siempre disponer de tu vida?

HERNANI: Siempre, te lo juro.

RUY: ¿Por quién lo juras?

HERNANI: Por la memoria de mi padre.

RUY: ¿No te olvidarás nunca de lo que ahora prometés?

HERNANI. (Presentándole la bocina que se quita del cinto.). -Guardá esta bocina. Suceda lo que suceda, cuando querrás, señor duque, en cualquier lugar, a cualquier hora que se te ocurra que deba yo morir, tocá la bocina y yo mismo me mataré.

RUY. (Tendiéndole la mano.)- Estamos convenidos.

Los dos se estrechan la mano. D. RUY se dirige a los retratos.
—¡Todos ustedes son testigos!

FIN DEL ACTO TERCERO

ACTO CUARTO

El Sepulcro
Aquisgrán

Subterráneo que encierra el sepulcro de Carlomagno, en Aquisgrán. Grandes bóvedas de arquitectura lombarda; gruesos pilares bajos, arcos, capiteles con relieves de pájaros y de flores. A la derecha el sepulcro de Carlomagno, al que se entra por una portezuela de bronce, baja y cintrada. Una sola lámpara, suspendida de la clave de la bóveda, alumbra esta inscripción: CAROLUS MAGNUS. Es de noche. No se ve el fondo del subterráneo, y la vista se pierde en las arcadas, en las escaleras y en los pilares que se entrecruzan en la oscuridad.

Escena Primera

D. CARLOS, D. RICARDO DE ROJAS, conde de Casapalma, con una linterna en la mano.

RICARDO: (Con el sombrero en la mano.) Aquí es.
D. CARLOS: Aquí se reúne la Liga y voy a copar juntos a todos sus miembros. El elector de Tréveris les ha ofrecido este sitio… que es muy a propósito. Cierta clase de rebeliones las hace prosperar el aire de las catacumbas; bueno es aguzar los estiletes en las piedras de los sepulcros, pero este juego es muy arriesgado; en él se arriesga la cabeza. Bien hicieron en elegir un sepulcro para sus reuniones; así tendrán menos que andar. ¿Se extienden mucho estos subterráneos?
RICARDO: Hasta la fortaleza.
D. CARLOS: Más de lo necesario.

RICARDO: Otros de los subterráneos corren por este lado hasta el monasterio de Altenheims.

D. CARLOS: Donde Rodolfo exterminó a Lotario Bieu. Repetime otra vez, conde, los nombres y los agravios, dónde, cómo y por qué.

RICARDO: El duque de Gotha…

D. CARLOS: Sé por qué ese duque conspira; quiere que un alemán ocupe el imperio de Alemania.

RICARDO: Hohemburgo…

D. CARLOS: Ése, según me han referido, preferiría ir al infierno con Francisco I que ir al cielo conmigo.

RICARDO: Don Gil Téllez Girón.

D. CARLOS: ¡Ira de Dios! ¡Ese infame conspira contra su rey!

RICARDO: Dicen que te encontró una noche en la alcoba de su señora, poco después que le nombraste barón, y quiere vengar el honor de su cara mitad.

D. CARLOS: Entonces que se rebele contra España entera. ¿Quién más?

RICARDO: Citan también al reverendo Vázquez, obispo de Ávila.

D. CARLOS: ¿También por vengar la virtud de su mujer?

RICARDO: Además está descontento Guzmán de Lara, porque desea conseguir el collar de su orden.

D. CARLOS: Si no desea más que el collar…. lo obtendrá.

RICARDO: El duque de Lutzelburgo. En cuanto a los planes que se le atribuyen…

D. CARLOS: Ese duque tiene la cabeza demasiado grande.

RICARDO: Juan de Haro, que quiere obtener a Astorga.

D. CARLOS: Los Haros siempre han dado mucho que hacer al verdugo.

RICARDO: Ya no hay más, señor.

D. CARLOS: Pues no están todos, conde. No me has citado más que siete, y son más, según mi cuenta.

RICARDO: Porque no te he hablado de algunos bandidos, comprados por Tréveris y por la Francia. Ésos son hombres sin escrúpulos, cuyo puñal se inclina siempre al oro como la aguja al polo. Sin embargo, entre ellos vi dos muy audaces, recién llegados, un joven y un viejo…

D. CARLOS: Sus nombres, su edad…

RICARDO: Ignoro cómo se llaman; en cuanto a la edad, uno podrá contar veinte años…

D. CARLOS: ¡Qué lástima!

RICARDO: Y el otro lo menos sesenta.

D. CARLOS: El primero no tiene edad aún para conspirar, y el otro no la tiene ya; peor para ellos. En caso de necesidad, el verdugo puede contar con mi ayuda. En vez de ser mi espada benigna para las facciones se la prestaré, si su hacha se embota, y para ensanchar el patíbulo coseré si es preciso mi púrpura imperial al paño del cadalso. ¿Pero llegaré a ser emperador?

RICARDO: Reunido ya el Colegio, delibera en estos momentos.

D. CARLOS: ¿Nombrará a Francisco I o al sajón Federico el Sabio? -¡Lutero tiene razón: Todo va mal!-. Esos fautores de majestades sagradas sólo hacen caso de razones deslumbradoras. ¡Un sajón herético! ¡Un conde palatino imbécil! ¡Un privado de Tréveris libertino! Ésos son mis contrincantes. Al rey de Bohemia lo tengo de mi parte. Los príncipes de Hesse son más pequeños aún que sus Estados, son mozos idiotas o viejos libertinos, y forman un ridículo concilio de enanos que yo podría llevar bajo mi piel de león como Hércules. -Me faltan tres votos, conde, y todo me falta. Por esos tres votos daría yo a Gante, a Toledo y a Salamanca, las tres ciudades que eligieran de Castilla o de Flandes… Las daría… para recobrarlas más tarde. ¿Lo oyes?

D. RICARDO se inclina saludando y se pone el sombrero.
—¿Te cubrís?

RICARDO: Señor, me has tratado de vos y ya soy grande de España.

D. CARLOS: (¡Me causa lástima su frívola ambición!)

RICARDO: Abrigo la esperanza de que proclamen emperador a vuestra alteza.

D. CARLOS: (¡Alteza! ¡Si no pudiera pasar de rey!)

RICARDO: (Sea o no emperador, yo ya soy grande de España.)

D. CARLOS: En cuanto esté elegido el emperador de Alemania, ¿qué señal anunciará a la ciudad su nombre?

RICARDO: Si eligen al duque de Sajonia dispararán un cañonazo; dos si eligen al rey Francisco; tres si nombran a D. Carlos de Austria, rey de España.

D. CARLOS: Doña Sol me contraría, conde; si por casualidad me nombran emperador, corré a buscarla...; quizá me corresponda si ve que soy César.

RICARDO. (Sonriendo.)- Su alteza es demasiado bueno y...

D. CARLOS. (Interrumpiéndole.)- Sobre eso no pronunciás ni una palabra más. -¿Cuándo sabremos el nombre del elegido?

RICARDO: Dentro de una hora lo más tarde.

D. CARLOS: ¡Por tres votos!... -Aplastemos antes a esa turba que conspira, que después ya veremos de quién será el imperio. Cornelio Agripa sabe mucho, y en el océano celeste ha visto venir trece estrellas desde el Norte hasta la mía. Pero también dicen que el abad Juan Triteno ha prometido el imperio al rey Francisco. Debí, para brillar con más claridad mi fortuna, fortificar la profecía con algún armamento. Las predicciones del más hábil hechicero se realizan mejor cuando un buen ejército con cañones y picas, peones y caballos, prepara el camino a la suerte que se espera. ¿Quién vale más de los dos, Cornelio Agripa o Juan Triteno? El que tenga un sistema apoyado por un buen ejército y ponga la punta de una lanza al cabo de lo que dice, o el filo de una espada, para cortar cualquier dificultad a gusto del profeta. -Déjenme solo, que se acerca la hora en que se han de reunir los conjurados. ¡Ah!... Dame la llave del sepulcro.

RICARDO. (Entregándosela.)- Señor, te ruego que no os olvidés del conde de Limburgo, que es el custodio capitular que me la ha confiado, y que se esfuerza por complaceros.

D. CARLOS. (Despidiéndole.)- Bien… Haz todo cuanto te dije.

RICARDO: Sin demora, señor.

D. CARLOS: Conque tres cañonazos, ¿eh?

RICARDO: Sí, señor; tres.

Se inclina y se va. Cuando D. CARLOS se queda solo, se abisma en meditación profunda. Después levanta la cabeza y se vuelve hacia el sepulcro.

Escena II

D. CARLOS, solo.

D. CARLOS: ¡Carlomagno, perdoná! Estas bóvedas solitarias sólo debían repetir palabras austeras, y sin duda te indignará el zumbido de nuestras ambiciones que suena alrededor de tu monumento. ¡Aquí reposa Carlomagno! ¿Cómo podés, sepulcro sombrío, contenerle sin estallar? ¿Estás bien ahí, gigante de un mundo creador, y podés extender en tu sepulcro toda tu altura? ¡Magnífico espectáculo ofreció a la Europa forjada por sus manos, tal como él la dejó al morir! Un edificio con dos hombres en la cúspide; dos jefes elegidos, a los que se someten todos los reyes legítimos; casi todos los Estados, feudos militares, reinos, marquesados, son hereditarios; pero el pueblo suele tener su Papa o su César; todo marcha y el azar corrige el azar. De esto nace el equilibrio, que impone el orden. Electores revestidos de tisú de oro, cardenales envueltos en mantos de escarlata. Senado doble y sacro que conmueve la tierra, les sirven de ostentación: surge una idea, según las necesidades de las épocas se agranda, corre, se mezcla en todo, se hace hombre y posee los corazones. Hay muchos reyes que la pisotean y la amordazan; pero llega un día en que entra en la Dieta, en el Conclave, y todos ven surgir de repente sobre sus cabezas la idea esclava con el globo en la mano y la tiara en la frente; y el Papa y emperador lo son todo. Nada existe en la tierra más que por ellos y para ellos. En ellos vive el misterio supremo, y el cielo, que les concede todos los derechos, les da un gran festín de pueblos y de reyes; los sienta a la mesa, y Dios, bajando de las nubes donde brama el trueno, les sirve el mundo. Frente a frente los dos están sentados, y arreglan, recortan y mandan en el universo. Los reyes están a la puerta, respirando el vapor de los manjares, mirando tras de los vidrios y contemplando lo que pasa dentro, levantándose y apoyándose en la punta de los pies. El mundo bajo los reyes se escalona y se agrupa; los dos que se sientan a la mesa, el uno desata y el otro corta; uno representa la verdad y el otro la fuerza. Llevan en sí mismos su razón de ser, y existen porque existen. Cuando salen del santuario, iguales los dos, uno con la púrpura y el otro con sus blancas vestiduras, el universo deslumbrado contempla con terror esas dos mitades de Dios, el Papa y el emperador. -¡Ser emperador! (Con alegría.) ¡Pero no serlo, y sentirse con valor para ocupar esas alturas!… ¡Qué dichoso fue el que duerme en este sepulcro! ¡Y qué grande! En su época ocupar ese sitio era aún más deslumbrador. El Papa y el emperador no eran ya dos hombres, eran Pedro y César, uniendo las dos Romas, fecundando una y otra en místico himeneo, dando forma y alma nuevas al género humano, fundiendo pueblos y reinos para hacer una Europa nueva, poniendo los dos en el molde por sí mismos el bronce que quedaba del viejo mundo romano. ¿Y éste es el sepulcro de Carlomagno? ¿Es todo tan poco en el mundo que viene a parar en esto? ¡Haber sido príncipe, rey y emperador, haber sido la espada y la ley, haber sido gigante que tuvo por pedestal la Alemania, por título César y por nombre Carlomagno, haber sido más grande que Aníbal, que Atila, tan grande como el mundo… y venir a parar aquí! ¡Ambicionar un imperio, para ver luego el polvo que queda de un emperador! ¡Hacer ruido en el mundo, elevar muy alto el edificio imperial, para que quede luego reducido a estas piedras; y el título y la fama universal, para dejar nada más algunas letras que deletreen los niños; y por alto que sea el fin a que aspire el orgullo humano, acabar por estrellarse en una tumba, es una demencia! Sin embargo, el imperio…. el imperio…

estoy tocándolo y me fascina. Una voz interior me dice: «¡Lo obtendrás!» ¿Lo conseguiré?… Si lo consiguiera… ¡Pero ascender a esa cúspide, sintiéndose simple mortal, teniendo a los pies el abismo y pudiendo sentir el vértigo…! ¿En quién me apoyaré? ¡Si desfalleciera sintiendo estremecerse el mundo bajo mis plantas y moverse la tierra…! ¿Podré soportar el peso del globo? ¿Quién me hará grande? ¿Quién será mi guía? ¿Quién me aconsejará? ¡Tú, Carlomagno, tú! (Cae de rodillas ante el sepulcro.) Ya que Dios vence todos los obstáculos y pone nuestras dos majestades frente a frente, vierte desde tu sepulcro en mi corazón algo de tu grandeza. Mostrame la pequeñez del mundo; enséñame tus secretos para vencer y para regirle, y decime si vale más castigar que perdonar. Si es cierto que en su tumba solitaria despierta a veces a una gran sombra el ruido del mundo, y entreabriendo la tumba, alumbra como un relámpago la oscuridad del universo; dime, emperador de Alemania, qué puede hacerse después de Carlomagno. Dejame entrar en tu santuario, dejame que, incorporándome, te contemple en tu marmóreo lecho. Aunque tu voz fatídica me haga temblar, hablá; o si nada me decís, dejá que Carlos de Austria estudie tu cabeza, que goza de paz profunda; deja, ¡oh, gigante!, que te mida a su placer. Entremos. (Va a abrir el sepulcro y retrocede.) ¡Gran Dios! ¡Si me hablase al oído! ¡Si estuviera él de pie dentro del sepulcro andando a pasos lentos! ¡Si saliera de su tumba con el cabello blanco! De todos modos, entremos. (Ruido de pasos.) Alguien viene. ¿Quién se atreve a estas horas a turbar la paz de tan augusto muerto, exceptuando Carlos de Austria? (Se aproxima el ruido.) Me había olvidado ya… Son mis asesinos; entremos.

Abre la puerta del sepulcro, que cierra tras sí; en seguida aparecen algunos encubiertos.

Escena III
LOS CONJURADOS

Se acercan unos a otros y se dan las manos, cambiando algunas palabras en voz baja.

CONJURADO 1º: (Con una antorcha encendida.) Ad augusta.
CONJURADO 2º: Per augusta.
CONJURADO 3º: Los santos nos protejan.
CONJURADO 3º: Los muertos nos sirven.
CONJURADO 1º: ¡Dios nos guarde!

Entran otros CONJURADOS.

CONJURADO 2º: ¿Quién vive?
VOZ EN LA OSCURIDAD: Ad augusta.
CONJURADO 2º: Per augusta.
CONJURADO 1º: Bien, ya estamos todos. Gotha, habla. Amigos; la sombra espera la luz.

Los CONJURADOS se sientan en semicírculo en los sepulcros. El primer CONJURADO va de uno a otro, y en su antorcha todos los demás encienden cirios. Después se sientan en el sepulcro más alto, que está en el centro del círculo.

DUQUE DE GOTHA: (Levantándose.) Amigos, Carlos de España, que es extranjero por parte de su madre, aspira al sacro imperio.
CONJURADO 1º: Conseguirá la tumba.
GOTHA: (Tirando al suelo su antorcha y pisándola.) Que hagan con él lo que yo hago con esta antorcha.
TODOS: Así sea.
CONJURADO 1º: ¡Muera Carlos!
GOTHA: ¡Muera!

TODOS: ¡Muera!…

JUAN DE HARO: Su padre es alemán.

DUQUE DE LUTZELBURGO: Su madre es española.

GOTHA: De modo que ni es español ni alemán.

CONJURADO 4º: ¡Si los electores le nombrasen emperador!…

CONJURADO 5º: No lo creo.

GIL TÉLLEZ: Hiriéndole en la cabeza no le coronarán.

CONJURADO 1º: Si consigue el sacro imperio, será tan augusto e inviolable que sólo Dios pueda tocarle.

GOTHA: Lo más seguro es que expire antes que sea augusto.

CONJURADO 1º: No le elegirán.

TODOS: No obtendrá el imperio.

CONJURADO 1º: ¿Cuántos brazos se necesitan para meterle en el ataúd?

TODOS: Uno sólo.

CONJURADO 1º: ¿Quién ha de dar ese golpe?

TODOS: Yo.

CONJURADO 1º: Echemos suertes.

Los CONJURADOS escriben sus nombres en pequeños pergaminos, que rollan y depositan uno tras otro en la urna de un sepulcro.

CONJURADO 1º: Oremos.

Todos se arrodillan, menos el CONJURADO 1º.

Que el elegido crea en Dios, hiera como un romano y muera como un hebreo; que tenga valor para arrostrar la rueda y las tenazas, para cantar en el potro, para reír en el fuego; en una palabra, que se resigne a matar y a morir.

Saca de la urna uno de los pergaminos.

TODOS: ¿A quién le toca? ¿Quién es?

CONJURADO 1º: (Leyendo el pergamino.) Hernani.

HERNANI: (Saliendo de entre los conjurados.) Yo he ganado. (Por fin voy a conseguir mi venganza.)

RUY: (Aparte a HERNANI.) Cedeme tu sitio.

HERNANI: No; no debéis envidiarme mi buena suerte Es la primera vez que la alcanzo.

RUY: Eres pobre, y por que me cedas ese sitio, te daré feudos, castillos, cien mil siervos de mis trescientas villas, todo lo que poseo.

HERNANI: No cedo el puesto de honor.

GOTHA: Anciano, tu brazo no daría un golpe tan certero y tan firme.

RUY: Si el brazo me faltara, me sobraría el alma. (A HERNANI.) Recordá que me pertenecés.

HERNANI: Mi vida es tuya, pero la suya es mía.

RUY: Te entregaré la mano de doña Sol y te devolveré la bocina.

HERNANI (Vacilando.)- ¡Doña Sol y la vida!… No, no; antes es mi venganza. Tengo también que vengar a mi padre y acaso algo más.

RUY: Pensalo bien.

HERNANI: Señor duque, dejame mi presa.

RUY: ¡Maldita tenacidad! (Separándose de él.)

CONJURADO 1º. (A HERNANI.)- Hernani, bueno sería acabar con Carlos antes de que le elijan emperador.

HERNANI: No temás; sé bien cómo se quita la vida a un hombre.

CONJURADO 1º: ¡Que la traición recaiga sobre el traidor y Dios te guarde! Todos nosotros, si el elegido perece sin matar, juremos desempeñar su papel sin excusa alguna, porque hemos condenado a muerte a Carlos.

TODOS. (Sacando las espadas.)- ¡Juremos!

GOTHA: ¿Por qué juramos?

RUY: Por esta cruz.

Tomando la espada por la punta y levantándola en alto.

TODOS. (Levantando las espadas.)- ¡Que muera impenitente!

Se oye un cañonazo lejano. Todos se paran y callan. La puerta del sepulcro se entreabre. D. CARLOS aparece en el umbral, pálido y escuchando. Suena otro cañonazo y después otro. Entonces se abre del todo la puerta del sepulcro, en la que permanece D. CARLOS sin dar un paso, de pie e inmóvil.

Escena IV

Dichos, D. CARLOS, después D. RICARDO, señores y guardias; el REY DE BOHEMIA, EL DUQUE DE BAVIERA y después DOÑA SOL.

D. CARLOS: Señores, aléjense un poco de aquí, que el emperador os oye.

De pronto apagan todas las luces. Silencio profundo.

D. CARLOS: (Avanza en la oscuridad, pudiendo distinguir apenas a los conjurados, inmóviles y mudos.) ¿Creés que porque les rodea el silencio y la oscuridad va a pasar esto como un sueño y los he de tomar por hombres de piedra sentados en sus sepulcros? Para ser estatuas hablan demasiado. Ea, levanten las frentes abatidas, que aquí está Carlos V. Den un paso y hiéranme…. hiéranme. ¡No se atreven! Sus sangrientas antorchas llameaban bajo estas bóvedas, y bastó mi aliento para apagarlas; pero si apago algunas, enciendo otras.

Pega con la llave en la puerta de bronce del sepulcro, y al hacer esta señal, todas las profundidades del subterráneo se pueblan de soldados con antorchas y partesanas; al frente de ellos aparecen el duque de Alcalá y el marqués de Almuñán.
—Vengan, halcones míos, que me he apoderado del nido. (A los conjurados.) También yo alumbro a mi vez. ¡Miren cómo llamea el sepulcro!…

HERNANI. (Mirando a los soldados.)- Al verle solo me pareció grandioso; creí ver salir a Carlomagno, pero salió Carlos V.

D. CARLOS: Condestable de España, almirante de Castilla, desármenlos.

El duque de Alcalá y el marqués de Almuñán cercan a los conjurados y los desarman.

RICARDO: Augusto emperador…

D. CARLOS: Te nombro mayordomo de palacio.

RICARDO: Dos electores, en nombre de la Cámara dorada, vienen a cumplimentar a la sacra majestad.

D. CARLOS: Que entren. (Bajo a D. RICARDO.) (Que venga doña Sol.)

D. RICARDO saluda y se va. Entran, precedidos de antorchas y de músicas, el DUQUE DE BAVIERA y el REY DE BOHEMIA, con mantos reales y las coronas ceñidas y con numeroso séquito de señores alemanes, que llevan la bandera del imperio, que tiene el águila de dos cabezas y el escudo de España en el centro. Los soldados se separan, dejando paso a los dos electores, que avanzan hasta el emperador y le saludan ceremoniosamente; éste les devuelve el saludo, quitándose el sombrero.

DUQUE DE BAVIERA: Carlos, rey de los romanos, majestad sacratísima y emperador: el mundo está desde ahora en tus manos, porque posés el imperio. Tuyo es el trono a que todo monarca aspira; fue elegido para ocuparle Federico, duque de Sajonia, pero juzgándote más digno, no ha querido aceptarlo. Vení, pues, a recibir la corona, te ciñe la espada y te hace poderoso.

D. CARLOS: Iré a mi vuelta a dar las gracias al Colegio. Gracias, hermano mío, rey de Bohemia y primo mío, duque de Baviera; yo mismo iré.

REY DE BOHEMIA: Nuestros abuelos, Carlos, eran amigos; nuestros padres también; ¿quieres que seamos hermanos? Te he visto pequeñuelo y no puedo olvidar…

D. CARLOS: Sí, rey de Bohemia, eres casi de mi familia.

CARLOS les presenta la mano para que la besen los dos electores, que le saludan profundamente y se van.

LA MULTITUD: ¡Vivan! ¡Vivan! (Al ver salir a los electores con su séquito.)

D. CARLOS: (Soy emperador… por renuncia de Federico el Sabio.)

Sale DOÑA SOL.

SOL: ¡Soldados!… ¡El emperador!… ¡Qué golpe tan imprevisto!… ¡Hernani!…

HERNANI: ¡Doña Sol!

RUY. (Que está al lado de HERNANI.)- (No me ha visto.)

HERNANI: Señora…

SOL. (Sacando el puñal del pecho.)- Aún guardo su puñal.

HERNANI. (Tendiéndola los brazos.)- ¡Vida mía!

D. CARLOS: ¡Silencio! Lara el de Castilla y Gotha el sajón, y todos ustedes, ¿qué hacés aquí? Hablá.

HERNANI. (Dando un paso.)- Señor, te lo voy a decir: grabábamos en la pared la sentencia de Baltasar. Queríamos dar al César lo que debíamos al César.

Agitando el puñal.

D. CARLOS: Silencio. ¿Vos también traidor, Silva?

RUY: ¿Quién de los dos lo ha sido, señor?

HERNANI. (A los conjurados.)- Se apoderó de nuestras cabezas y del imperio; logró lo que deseaba. (Al emperador.)- El manto azul de los reyes podía haceros tropezar; la púrpura ote sienta mejor; en ella no se ve la sangre.

D. CARLOS. (A RUY GÓMEZ.)- Primo Silva, has cometido una felonía que merece que se borren tus títulos del blasón. Sos reo de alta traición, señor duque.

RUY: Los reyes Rodrigos tienen la culpa de que haya condes D. Julianes.

D. CARLOS. (Al duque de Alcalá.)- Atrapen sólo a los duques y a los condes; a los demás no.

El duque de Alcalá obedece las órdenes del emperador.

SOL: (¡Se ha salvado!)

HERNANI. (Saliendo del grupo que ha quedado libre.)- Pretendo que se me cuente entre los nobles. (A D. CARLOS.) Se trata de subir al cadalso, y Hernani, que es pobre pastor, quedaría impune; ya que es preciso ser grande para morir, reclamo mis derechos. Dios, que da los cetros y que concede el imperio a Carlos, me concedió a mí ser duque de Segorbe y de Cardona, marqués de Monroy, conde de Albatera, vizconde de Gor y señor de lugares cuyo número no recuerdo. Soy Juan de Aragón, gran maestre de Aviz, que nací en el destierro, por ser hijo proscripto de un padre que condenó a muerte una sentencia del tuyo, rey de Castilla. Vosotros usáis del cadalso y nosotros del puñal. El cielo me hizo duque y el destino montañés, y ya que somos grandes de España, cubrámonos. (Se cubre, se dirige a los nobles y éstos le imitan.) Si nuestras cabezas cubiertas tienen derecho a la cuchilla, nobles de título y de raza, quiero ocupar mi sitio entre vosotros. Criados y verdugos, paso a D. Juan de Aragón.

Se mete en el grupo de los señores presos.

SOL: ¡Cielos!

D. CARLOS: Verdaderamente había olvidado ya esa historia.

HERNANI: El que es víctima de ella la recuerda bien; la afrenta que el ofensor olvida, se renueva todos los días en el corazón del ofendido.

D. CARLOS: ¡Luego sos hijo de padre que decapitó el mío!… Pues este título os basta.

SOL. (Arrodillándose a los pies del rey.)- ¡Perdón, señor! Sé clemente con él o heridnos a los dos, porque es mi amante, es mi esposo, sólo por él vivo. ¡Perdonalo! (D. CARLOS la mira inmóvil.) ¿Qué idea siniestra te absorbe?…

D. CARLOS: Vamos; levántense ya de ahí, duquesa de Segorbe, condesa de Albatera, marquesa de Monroy… ¿Qué otros títulos tenés, D. Juan?

HERNANI: ¿Quién habla así? ¿El rey?

D. CARLOS: No; el emperador.

SOL. (Levantándose con regocijo.)- ¡Gran Dios!

D. CARLOS. (A HERNANI.) – Duque, he aquí tu esposa.

HERNANI. (Estrechando entre sus brazos a DOÑA SOL y levantando la vista al cielo.)- ¡Justo Dios!

D. CARLOS. (A D. RUY GÓMEZ.)- Primo mío, comprendo que esté celosa tu antigua nobleza, pero un Aragón puede unirse con un Silva.

RUY: La celosa no es mi nobleza.

HERNANI: Consiguió apagar mi odio. (Tira el puñal.)

RUY. (Mirando abrazados a DOÑA SOL y a HERNANI)- (Mi loco amor sufre indecible tormento; debo callar y padecer en secreto.)

SOL: ¡Duque mío!

HERNANI- Ya sólo me queda amor en el alma.

SOL: ¡Qué felicidad!

D. CARLOS: (Extinguete, corazón ardiente y juvenil, y dejá reinar a la cabeza que me turbaste. Desde hoy en adelante tus amores serán Alemania, España y Flandes. (Mirando una bandera imperial.) El emperador, como el águila su compañera, en el sitio del corazón sólo debe tener el escudo.)

HERNANI: ¡Sos verdaderamente César!

D. CARLOS: D. Juan, tu corazón es digno de tu raza y merece a doña Sol. De rodillas, duque. (HERNANI se arrodilla; D. CARLOS se quita el Toisón y se lo cuelga del cuello a HERNANI.) Recibe el collar. (D. CARLOS saca la espada y la golpea tres veces en la espalda.) Sé fiel. Por San Esteban, duque, te armo caballero de esta orden. (Lo levanta y le abraza.) Pero tú poseés collar más precioso, el que yo no tengo, el que falta al poder, el que forman los brazos de una mujer amada y amante. Vas a ser muy feliz...; yo... yo seré emperador. (A los conjurados.) Ignoro sus nombres, señores, y así también quiero olvidar el odio y el rencor. Váyanse en paz; los perdono. (Los conjurados caen de rodillas.)

LOS CONJURADOS: ¡Gloria al emperador!

RUY. (A D. CARLOS.)- Yo soy aquí el único castigado.

D. CARLOS. (A D. RUY.)- Y yo.

RUY: (Pero yo no perdono como él.)

HERNANI: (Feliz mudanza.)

TODOS: ¡Viva Alemania! ¡Honor a Carlos V!

D. CARLOS. (Volviéndose hacia el sepulcro.)- ¡Honor a Carlomagno! Dejandonos solos a los dos. (Se van todos.)

Escena V

D. CARLOS solo

D. CARLOS. (Inclinándose ante el sepulcro.)- ¿Estás satisfecho de mí, Carlomagno? Ya has visto que supe despojarme de las miserias de rey, y que al ser emperador me convertí en otro hombre; ¿puedo emparejar mi yelmo de batalla con tu tiara papal? ¿Puedo gobernar el mundo? ¿Tengo el pie bastante firme para marchar por el sendero sembrado de vandálicas ruinas, que tú hollaste con tus anchas sandalias? ¿Encendí mi antorcha en tu llama inextinguible? ¿He comprendido la voz que me hablaba desde tu sepulcro? Me encontraba solo, perdido, solo ante un imperio: todo un mundo me amenazaba y conspiraba contra mí; tenía que castigar a Dinamarca, tenía que pagar al Santo Padre; eran mis contrarios Venecia, Solimán, Lutero y Francisco I. Puñales enemigos centelleaban contra mí en la oscuridad; me rodeaban asechanzas y escollos, y veinte pueblos que harían temblar a cien reyes; todo esto era premioso y requería rápida y simultánea solución: te llamé para preguntarte: Carlomagno, ¿cómo inauguraré mi imperio? Y vos me respondiste: Siendo clemente.

FIN DEL ACTO CUARTO

ACTO QUINTO

La Boda
En Zaragoza

Galería del palacio de Aragón. -En el fondo una escalera que desciende hasta el jardín. A la derecha y a la izquierda dos puertas, que dan a la galería que cierra una balaustrada de dos filas de arcadas moriscas; por encima y a través de ellas se ven en el fondo los jardines del palacio, con luces que van y vienen, y en último término los remates góticos y árabes de dicho palacio, que está iluminado. Es de noche. Se oye música lejana. Máscaras vestidas de dominó, aisladas o en grupo, pasean por el fondo. En el proscenio, un grupo de jóvenes disfrazados, que llevan las caretas en la mano, hablan y ríen ruidosamente.

Escena Primera

D. SANCHO SÁNCHEZ DE ZÚÑIGA, conde de Monterrey; D. MATÍAS CENTURIÓN, marqués de Almuñán; D. RICARDO DE ROJAS, conde de Casapalma; D. FRANCISCO DE SOTOMAYOR, conde de Bellalcázar; D. GARCI-MÁRQUEZ DE CARVAJAL, conde de Peñalver.

GARCI: ¡Viva la novia y viva la alegría!
MATÍAS: Zaragoza entera se asoma esta noche a los balcones.
GARCI: Hace bien, porque jamás vio boda tan rica, novios tan gallardos ni noche tan hermosa.
MATÍAS: Esa boda se debe al emperador.
SANCHO: ¿Te acordás, marqués, de cierta noche que íbamos los dos con él en busca de aventuras? ¡Quién nos había de haber dicho entonces que aquello había de acabar así!

RICARDO: Yo fui de la partida y os contaré lo que nos sucedió. Tres galanes, un bandido, un duque y un rey, sitiaban al mismo tiempo el corazón de una mujer: dieron el asalto y ganó el bandido.

FRANCISCO: Eso es muy natural. El amor y la fortuna, en España, como en todas partes, juegan con dados falsos y hacen ganar el fullero.

RICARDO: Yo hice carrera presenciando esos amoríos, que me hicieron ser primero conde, luego grande de España y después mayordomo de palacio. No he perdido el tiempo.

SANCHO: El secreto de tu encumbramiento consiste siempre en encontrarte en el camino del rey...

RICARDO: Y en hacer valer mis derechos y mis servicios.

GARCI: Y en aprovecharte de sus distracciones.

MATÍAS: ¿Y qué se ha hecho el duque de Silva? ¿Estará preparándose el ataúd?

SANCHO: No te burlés de él, marqués; el duque era hombre de buen temple y amaba a doña Sol. Sesenta años tardó en empezar a encanecer, y un solo día ha bastado para que encaneciera del todo.

GARCI: ¿No ha regresado a Zaragoza?

SANCHO: ¿Para presenciar la boda había de regresar?

FRANCISCO: ¿Y qué hace el emperador?

SANCHO: El emperador está muy triste: Lutero le tiene pensativo.

RICARDO: Buen cuidado me daría a mí Lutero. Acabaría con él muy pronto con cuatro soldados.

MATÍAS: Solimán también le hace sombra.

GARCI: ¿Pero qué diablos nos importan a nosotros Lutero ni Solimán? Las mujeres son hermosas, el baile de máscaras está muy animado; vamos a divertirnos.

SANCHO: Eso es lo esencial.

RICARDO: Tiene razón Garci-Márquez. Yo soy otro cuando estoy en una fiesta; en cuanto me pongo el antifaz me parece que me pongo otra cabeza.

FRANCISCO. (Indicando la puerta de la derecha.)- ¿Ésa es la habitación de los desposados?

GARCI: Sí, y pronto vendrán.

FRANCISCO: ¿Vendrán?

GARCI: Sin duda alguna.

FRANCISCO: Tanto mejor.

SANCHO: La novia es bellísima.

RICARDO: Y el emperador demasiado bondadoso: no contento con perdonar al rebelde Hernani, le colma de títulos y le une en matrimonio con doña Sol. Si yo hubiese sido el emperador, hubiera destinado para él un lecho de piedra y para ella un lecho de pluma.

SANCHO. (Bajo a D. MATÍAS.)- De buena gana le daría una estocada a ese necio presumido.

RICARDO: ¿Qué estás diciendo?

MATÍAS. (Bajo a D. SANCHO.)- No armés contienda ahora. Me recita un soneto del Petrarca.

GARCI: ¿Habrán observado, señores, entre las flores, las mujeres y los trajes de colores, un espectro con dominó negro, que permanecía de pie apoyado contra una balaustrada?

RICARDO: Sí.

GARCI: ¿Quién es?

RICARDO: Por su talla y por su aire me parece que es D. Pancracio, general del mar.

FRANCISCO: No.

GARCI: No se ha quitado aún la máscara.

FRANCISCO: Debe ser el duque de Loma, que se satisface con que todo el mundo le mire.

RICARDO: No es, porque el duque me ha hablado.

GARCI: Entonces, ¿quién es esa máscara? Callen, aquí está.

Entra un enmascarado con dominó negro, que cruza lentamente por el fondo. Todos se vuelven a mirarle y le siguen con la vista, sin que él lo note.

SANCHO: Si los muertos andan, deben andar así.

GARCI. (Corriendo hacia el enmascarado.)- ¡Máscara! (El dominó negro se para; GARCI retrocede.) Por vida mía, señores, que he visto que sus ojos echan llamas.

SANCHO: Pues si es el diablo, ha encontrado ya con quien hablar. Mala sombra, ¿venís del entierro?

LA MÁSCARA: No vengo, voy.

Sigue su camino y desaparece por la escalera del fondo. Todos le siguen con la vista, mirándole con extrañeza.

MATÍAS: Su voz es verdaderamente sepulcral.

GARCI: Sí, pero lo que causa espanto en otra parte hace reír en un baile.

SANCHO- Será algún chusco de mal género.

GARCI: Y si es Lucifer que viene a vernos bailar, mientras llega la hora de ir al infierno, bailemos.

SANCHO: Eso será alguna bufonada.

MATÍAS: Mañana lo sabremos.

SANCHO: ¿Por dónde ha desaparecido?

MATÍAS: Por aquella escalera.

GARCI. (A una dama que pasa.)- Marquesa, ¿serás tan bondadosa? (La saluda y le ofrece la mano.)

LA DAMA: Mi querido conde, ya sabés que mi marido cuenta las veces que bailo con vos.

GARCI: Mejor que mejor; si se divierte así, él contará y nosotros bailaremos.

SANCHO: (Verdaderamente esto es singular.)

MATÍAS: ¡Los novios! ¡Silencio!

Entran HERNANI y DOÑA SOL, dándose la mano; ella viste magnífico traje nupcial; él, traje de terciopelo negro, y lleva puesto el

Toisón. Detrás de ellos salen multitud de damas y caballeros enmascarados. Cuatro pajes les preceden y dos alabarderos les siguen.

Escena II

Dichos, HERNANI, DOÑA SOL y máscaras

HERNANI: (Saludando.) ¡Amigos míos!
RICARDO: Su felicidad hace la nuestra, ilustre duque.
FRANCISCO: (¡Vive Dios, que es hermosa como Venus!)
MATÍAS. (A SANCHO.)- ¿Hay algo más feliz que un día de bodas?
SANCHO: Sí, la noche.
FRANCISCO: Ya es tarde. ¿Nos retiramos?

Todos van a saludar a los novios, y unos se van por una de las puertas y los otros por la escalera del fondo.

HERNANI. (Despidiéndolos.)- Dios los guarde.
SANCHO. (Estrechándole la mano.): ¡Sean dichosos!

Quedan solos HERNANI y DOÑA SOL. Las luces se van apagando, y poco a poco domina el silencio y la oscuridad.

Escena III

HERNANI y DOÑA SOL

SOL: Por fin se fueron.
HERNANI. (Atrayéndosela.)- ¡Amor mío!
SOL. (Ruborizándose y retrocediendo.)- Es que… me parece que es ya muy tarde.
HERNANI: Siempre es tarde para estar solos y juntos.

SOL: Me ha fatigado tanto ruido. ¿No es verdad que esa alegría aturde y ahuyenta la felicidad?

HERNANI: Decís bien. La felicidad es grave y busca corazones de bronce para grabarse en ellos lentamente. El placer la asusta, echándole flores, y su sonrisa está más cerca de llorar que de reír.

SOL: En tus ojos esa sonrisa es para mí la luz del día.

HERNANI: ¿Vámonos?

SOL: Luego, luego.

HERNANI: Sólo soy tu esclavo y permaneceré aquí hasta que tú me digas; reiré o contaré, lo que tú quieras, pero mi alma arde. Decile al volcán que apague sus llamas, y el volcán cerrará el cráter y volverá a cubrir su falda de verde musgo y de flores: has vencido al Vesubio, que es ya tu esclavo, y nada te importa que la lava encienda su corazón. ¿Deseás que se cubra de flores? Pues forzoso será que el volcán ardiendo florezca ante tu vista.

SOL: ¡Qué bondadoso sos, Hernani de mi alma!

HERNANI: No volvás a pronunciar ese nombre, porque me haces recordar todo lo que he olvidado. En otro tiempo existió un Hernani, cuyos ojos brillaban como un puñal, un proscripto que sólo respiraba odio y venganza, pero yo no conozco a ese Hernani. Yo amo los prados, las flores, los bosques; yo soy don Juan de Aragón, esposo feliz de doña Sol de Silva.

SOL: También yo soy dichosa.

HERNANI: Nada me importan ya los andrajos, que al entrar dejé a la puerta. Volví a mi palacio y un ángel del Señor me esperaba en el umbral. Entré y puse en pie sus derribadas columnas, volví a encender el hogar, abrí las ventanas, arrasé la yerba que crecía en las losas del patio y respiré la alegría y el amor. Que se me devuelvan mis torres y castillos, mi penacho, mi asiento en el Consejo de Castilla, que me entreguen a doña Sol ruborizada y pura, y que nos dejen solos a los dos, y nada quiero saber ya de mi pasado. Nada vi, nada dije, nada hice. Vuelvo a empezar la vida, borro mi ayer, y todo lo olvido; vos sola bastás para mi felicidad.

SOL: ¡Qué bien sienta ese collar de oro sobre el terciopelo negro!

HERNANI: Antes que a mí, viste al rey con este traje.

SOL: Ni lo noté siquiera. ¡Qué me importan los demás hombres! Además, eso no consiste en el terciopelo ni en el raso, porque es tu cuello el que sienta bien al collar. ¿Lo ves? Estoy alegre y lloro. ¡Qué feliz soy! Ven conmigo a respirar un poco y a contemplar esta noche hermosa. (Lo acerca a la balaustrada). Ya se han extinguido las antorchas y la música de la fiesta; solos nos hemos quedado la noche y nosotros. Mientras todo duerme, vela cariñosamente la naturaleza por nosotros, y como nosotros la luna reposa en el cielo, sola y respirando el aire embalsamado de las flores. Hace poco, mientras hablabas, el trémulo brillo de la luna y el timbre de tu voz llegaban juntos a mi corazón; me sentía tan alegre y tan tranquila, que hubiera querido morir en aquel momento.

HERNANI: ¡Quién no se olvidará de todo al oír tu voz celeste! Tu palabra es un canto sobrehumano.

SOL: Este silencio es demasiado lúgubre y este sosiego demasiado profundo. Dime, amor mío, ¿no quisieras ver el fondo de una estrella? ¿No quisieras que una voz nocturna, tierna y cariñosa, cantara de repente?

HERNANI: No hace mucho huías de la luz y de los cantos.

SOL: Huía del baile, pero no de un pájaro que cante en el campo, ni de un ruiseñor perdido en la oscuridad, ni de alguna flauta oída desde lejos. La música dulcifica, hace que el alma sea armoniosa y despierta mil voces que cantan en el corazón. Oír lo que te digo sería delicioso.

Óyese el sonido lejano de una bocina.

HERNANI: ¡Ah!

SOL: Dios me ha oído.

HERNANI. (Estremeciéndose.)- (¡Desdichada!)

SOL: Un ángel ha comprendido mi pensamiento; será tu ángel bueno.

HERNANI: Sí, mi ángel bueno… (Con amargura.)

Se oye por segunda vez el sonido de la bocina.

HERNANI: ¡Otra vez!

SOL: D. Juan, ¿has dispuesto tú esa serenata?

HERNANI: (El tigre aúlla y reclama su presa.)

SOL: Esa armonía llena el corazón de júbilo. ¿Verdad, D. Juan mío?

HERNANI. (Levantándose con aspecto terrible.)- ¡Llamame Hernani, llámame Hernani, que todavía me persigue ese nombre fatal!

SOL: (Temblando.) ¿Qué tenés?

HERNANI: Ese anciano…

SOL: ¡Me espantan tus miradas! ¿Qué tenés?

HERNANI: ¡Ese anciano que se está riendo en las tinieblas!… ¿No lo ves?

SOL: ¡Estás desvariando! ¿Quién es ese anciano?

HERNANI: El anciano.

SOL: Te ruego de rodillas que calmes mi inquietud; ¿qué secreto es ese que te atormenta?

HERNANI: Se lo he jurado.

SOL: ¿Qué le has jurado?

DOÑA SOL sigue todos los movimientos de HERNANI Con ansiedad. De pronto éste se pasa la mano por la frente.

HERNANI- (¿Qué le iba a decir?) ¿De qué te hablaba?

SOL: Me decías…

HERNANI: No, no te decía nada…. sufría mi espíritu; pero no te inquietes.

SOL: ¿Necesitás que te traiga algo? Manda a tu esclava.

Vuelve a sonar la bocina.

HERNANI: (¡Me lo exige, me lo exige y yo se lo he jurado!) (Buscando en el cinto espada o puñal, que no lleva.) (¡Estoy desarmado!)

SOL: ¿Pero qué es lo que te hace sufrir?

HERNANI: Una herida antigua, que creí cerrada y que vuelve a abrirse. (Alejémosla de aquí.) Sol de mi vida, escucha: en aquella cajita que en días menos felices llevaba siempre conmigo...

SOL: Sé cuál es...; ¿qué querés que haga?

HERNANI: Encontrarás en ella un pomo de elixir, que podrá terminar mi sufrimiento. Ve y tráemelo.

SOL: En seguida.

Vase DOÑA SOL por la puerta de la cámara nupcial.

Escena IV

HERNANI solo

HERNANI: ¡Aparece para destruir mi felicidad! He aquí el dedo fatal que brilla en la pared de mi destino.

(Queda sumido en profunda y convulsiva abstracción; después se yergue bruscamente).

—Pero callá... No oigo la bocina... No veo venir a nadie... ¡Si habrá sido una ilusión mía!

La máscara del dominó negro aparece en el fondo. HERNANI se queda como petrificado.

Escena V

HERNANI y la MÁSCARA

LA MÁSCARA: «Suceda lo que suceda, cuando querrás, señor duque, en cualquier lugar, a cualquier hora que se te ocurra que deba yo morir, tocad¡ la bocina y yo mismo me mataré.» Este pacto tuvo por testigos a los retratos de mis antepasados. ¿Estás dispuesto a cumplirlo?

HERNANI: (¡Gran Dios!)

MÁSCARA: Acudo a tu palacio a decirte que ha llegado ya la hora, y veo que la retardas.

HERNANI: No: ¿qué es lo que querés que haga?

MÁSCARA: Podés elegir entre el puñal y el veneno; traigo las dos cosas y nos las partiremos.

HERNANI: Bien.

MÁSCARA: ¿Qué eligís?

HERNANI: El veneno.

MÁSCARA: Pues tomá; bebé y acabemos.

Preséntale un pomo, que coge la mano temblorosa de HERNANI.

HERNANI. (Llevándoselo a los labios y apartándoselo en seguida.)- Te suplico que me dejés vivir hasta mañana. Si tenés corazón, si no eres un réprobo, un fantasma o un demonio, si sabés lo que es gozar la dicha suprema de estar enamorados, de tener veinte años y de ir a casarse, periíteme vivir hasta mañana.

MÁSCARA: ¡Mañana! ¡Mañana! ¡Te burlás de mí! ¿Y qué haría yo esta noche? Moriría y mañana no habría quien te hiciera cumplir la palabra. No quiero bajar solo a la tumba y necesito que me acompañés.

HERNANI: Pues me libraré de vos; no te obedeceré.

MÁSCARA: Bien me lo temía. Me lo juraste por la memoria de tu padre…; podés olvidarlo.

HERNANI: ¡Ah! ¡Padre mío!… ¿Voy a perder la razón?

MÁSCARA: Vas a cometer un perjurio y un sacrilegio.

HERNANI: ¡Duque!

MÁSCARA: Ya que los primogénitos de las familias castellanas se burlan de los juramentos… ¡Adiós!

Da un paso para marcharse.

HERNANI: No te vayás.

MÁSCARA: Entonces…

HERNANI: Sos un hombre desalmado que me persigís hasta las puertas del cielo…

Sale DOÑA SOL sin ver al encubierto.

Escena VI

Dichos, DOÑA SOL

SOL: No he encontrado la caja.

HERNANI: (¡Dios mío, ella!)

SOL: (¿Qué tiene? ¡Se asusta de verme! ¡Horrible sospecha!) ¿Qué tienes en la mano? Contestame.

El enmascarado se quita el antifaz. DOÑA SOL reconoce a D. RUY GÓMEZ y lanza un grito.

—¡Es un veneno!

HERNANI: ¡Gran Dios!

SOL: ¡Me engañabas, D. Juan!

HERNANI: He debido ocultártelo. Prometí morir al duque cuando me salvó, y Aragón debe cumplir la promesa que hizo a Silva.

SOL: No sos suyo, sino mío. ¿Qué me importan a mí los demás juramentos? Duque, el amor me convierte en heroína y defenderé a D. Juan contra vos y contra todo el mundo.

RUY: Defendela, si podé, contra un juramento sagrado.

SOL: ¿Qué juramento?

HERNANI: Juré…

SOL: Nada, nada te obliga a morir, eso no puede ser; eso sería un crimen y una locura.

RUY: Vamos, D. Juan.

HERNANI va a llevarse el pomo a los labios, pero DOÑA SOL se lo impide.

HERNANI: Déjame, doña Sol, es preciso. Empeñé al duque mi palabra y juré por mi padre que me está mirando desde el cielo.

SOL: Antes arrancarás a un tigre sus cachorros, que a la mujer amante el objeto de su cariño. No conocés aún a doña Sol. Mucho tiempo, compadecida de tus sesenta años y respetando tus canas, fui sumisa y tímida; pero ahora, ve mis ojos encendidos de dolor y de rabia y ve este puñal. (Saca un puñal del seno.) Viejo insensato, cuando te amenacen mis ojos, recordá que soy de tu raza, y ¡ay de vos si atentás contra la vida de mi esposo! (Tira el puñal y cae de rodillas ante el duque.) Mirame arrodillada a tus pies para pedirte que tengás piedad de nosotros. Perdón, señor; soy una débil mujer, y cuando quiero ser brava, la fuerza aborta en mi corazón y flaqueo. Te lo ruego de rodillas; tené piedad de nosotros.

RUY: ¡Doña Sol!

SOL: ¡Perdoname A nosotras las españolas nos arrastra el dolor a decir palabras ofensivas; bien lo sabés. No sos perverso y debés compadecerte; tocarle a él es matarme a mí. ¡Le amo tanto!…

RUY: Le amás demasiado.

HERNANI: No llorés.

SOL: No quiero que vayás a morir, amor mío; no, no quiero. Perdonalo, señor, y te amaré también a vos.

RUY: Me amarás en segundo lugar, con los restos de tu cariño; ¿creés apagar así la sed que me devora? Rujo de cólera. Él poseería tu alma por completo. No, no; es preciso que esta situación termine. Bebé.

HERNANI: Empeñé mi palabra y debo cumplirla.

RUY: ¡Vamos!

HERNANI vuelve a acercar el pomo a los labios; DOÑA SOL le vuelve a detener.

SOL: ¡Todavía no! Escúchenme antes los dos.

RUY: El sepulcro está ya abierto y yo no puedo esperar.

SOL: Un instante, D. Juan. ¡Son muy crueles los dos! No les pido más que un instante. Permitan que esta mujer les diga sus últimas palabras; déjenme hablar.

RUY: Tengo prisa.

HERNANI: (Su voz me desgarra el corazón.)

SOL: Comprendan que tengo muchas cosas que deciles.

RUY: (A HERNANI.)- ¡Acabemos!

SOL: D. Juan, cuando termine yo de hablar, obra como mejor te guste. (Le arrebata el pomo.) Ya lo tengo. (Enseñándolo a los dos hombres, que se quedan sorprendidos.)

RUY: Ya que tengo que habérmelas con dos mujeres, D. Juan, es preciso que vaya a otra parte a buscar hombres. Adiós.

Da algunos pasos y HERNANI le detiene.

HERNANI: Detenete, duque. (A DOÑA SOL.) ¿Querés que sea pérfido, perjuro y sacrílego? ¿Querés que lleve por todas partes en el mundo escrita la traición en la frente? Pues si no lo deseás, devolveme ese veneno, por nuestro amor, por nuestra alma inmortal.

SOL: (Sombría.) ¿Insistís?

HERNANI: Sí.

DOÑA SOL bebe del pomo…

SOL: Tomá de él ahora.

RUY: ¡Ha bebido!

SOL: Te repito que lo tomeé.

HERNANI: ¡Ves lo que has conseguido, viejo miserable!

SOL: No me reconvengaá, que en el pomo te he reservado tu parte.

HERNANI: (Tomando el pomo.) Bien.

SOL: Vos no me hubieras reservado la mía, vos no poseés el corazón de la esposa cristiana, tú no sabes amar como ama una descendiente de los Sílva. Bebiendo la primera estoy ya tranquila. Ahora vos, si querés, bebe.

HERNANI: ¿Qué has hecho, desdichada!

SOL: Lo que vos has querido.

HERNANI: ¡Condenarse a espantosa muerte!

SOL: ¡Espantosa! ¿Por qué?

HERNANI: Porque ese filtro lleva al sepulcro.

SOL: Debíamos dormir juntos esta noche; el lecho es indiferente.

HERNANI: ¡Padre mío! ¡Te vengás de mí porque te he olvidado!

Se lleva el pomo a la boca; DONA SOL le vuelve a detener.

SOL: Lanza lejos de ti ese filtro funesto, que causa dolores extraños y que extravía mi razón. Detenete, D. Juan; ese veneno es muy activo y engendra en el corazón una hidra de mil dientes que lo roen y lo devoran. Lo enciende en fuego horrible. No bebás, que padecerás mucho.

HERNANI: Sos inhumano: ¿no podías haber elegido otro veneno para ella?

Bebe y tira el pomo.

SOL: ¡Qué has hecho!

HERNANI: Lo que vos hiciste.

SOL: Vení, vení, amor mío, vení a mis brazos.

Sentándose uno al lado del otro.

—¿No es verdad que hace sufrir horriblemente?

HERNANI: No…

SOL: He aquí que empieza nuestra noche de bodas y que palidece tu prometida.

HERNANI: ¡Ah!

RUY: Se cumplió la fatalidad.

HERNANI: -¡Me desespera verla sufrir tanto!

SOL: Calmate, me encuentro mejor. Hacia nuevas claridades vamos en seguida a abrir juntos nuestras alas, y con vuelo igual volaremos a un mundo mejor. ¡Un beso! Dame un solo beso.

Se abrazan.

RUY: (¡Oh, rabia!)

HERNANI: Bendito sea el cielo que me concedió una vida rodeada de abismos y llena de espectros, pero que me permitió descansar de tan ruda carrera acariciando a la mujer querida.

RUY: ¡Son dichosos!…

HERNANI: (Desfalleciendo.) Vení…. vení… Sol de mi alma…, todo está oscuro…, ¿sufrís?

SOL: (Desfalleciendo también.) Nada…, nada ya.

HERNANI: ¿Ves dos luces en la sombra?

SOL: Todavía no.

HERNANI: Yo sí… (Da un suspiro y cae.)

RUY: (Levantándole la cabeza, que vuelve a caer.)- ¡Está muerto!

SOL: (Desgreñada e incorporándose un poco.) Muerto no…; es que dormimos…, es mi esposo. Nos amamos y nos hemos acostado: aquí se celebra nuestra noche de bodas. No le despertés, que está cansado… (Vuelve la cara hacia HERNANI.) Amor mío…, aquí estoy…; más cerca…, más aún…

Cae al suelo muerta.

RUY: ¡Ha muerto! ¡Estoy condenado! (Se mata con el puñal.)

FIN DEL ACTO QUINTO

FIN DE LA OBRA

CONTENIDO

CLAUDE GUEUX 5

ÚLTIMO DÍA DE UN CONDENADO 21

POESÍA 99

YO TENÍA DOCE AÑOS; DIECISÉIS ELLA AL MENOS .. 101

YA BRILLA LA AURORA FANTÁSTICA, INCIERTA 102

¡VEN! EN LA PRADERA EN FLOR 103

A UNA MUJER 103

ALBORADA 104

¡AY!, ¡CUÁNTOS CAPITANES Y CUÁNTOS MARINEROS
.... 104

AYER AL ANOCHECER 106

BOOZ DORMIDO... 106

BOOZ SE HABÍA ACOSTADO, RENDIDO DE FATIGA; .. 110

CUANDO EL SOPLO DE ABRIL ABRE LAS FLORES 113

ÉL DECÍA A SU AMADA: SI PUDIÉRAMOS IR 114

YO TENÍA DOCE AÑOS; DIECISÉIS ELLA AL MENOS .. 115

YA BRILLA LA AURORA FANTÁSTICA, INCIERTA 116

¡VEN! EN LA PRADERA EN FLOR 117

SI YA LA MAÑANA SONRÍE EN EL VALLE 117

SI PUDIÉRAMOS IR 118

SI NADA DE MÍ QUIERES 118

ROMA REEMPLAZA A ESPARTA 119

QUIENQUIERA QUE FUERES, ÓYEME 122

QUIEN NO AMA NO VIVE 125

PUESTO QUE APLIQUÉ MIS LABIOS A TU COPA LLENA AÚN 128

PLENITUD 129

¡NUNCA INSULTEN A LA MUJER CAÍDA! 132

NACE EL ALBA Y TU PUERTA ESTÁ CERRADA 132

TEATRO 135

HERNANI 137

ACTO PRIMERO 139

ACTO SEGUNDO 155

ACTO CUARTO 187